CRÓNICA CONSTITUCIONAL SOBRE EL SECUESTRO DE LA ELECCIÓN
PRESIDENCIAL DEL 28 DE JULIO DE 2024

Colección de Crónicas constitucionales para la memoria histórica, Biblioteca Allan R. Brewer-Carías, Universidad Católica Andrés Bello, Caracas

1. Allan R. Brewer-Carías, *Mis aportes a la Constitución de 1999. Con las propuestas, observaciones y votos salvados negativos formulados durante los debates ante la Asamblea Nacional Constituyente en 1999*, 2023, 724 pp.

2. Allan R. Brewer-Carías, *Las vicisitudes del inútil y distractivo referendo consultivo y la defensa de los derechos de Venezuela sobre el Territorio Esequibo*, 2023, 332 pp.

3. Allan R. Brewer-Carías, *Sobre la militarización de la política en Venezuela. Un mal que nos acecha desde la Independencia. Algunos escritos*, 2023, 310 pp.

4. Allan R. Brewer-Carías, *El Juez Constitucional y la aniquilación del Estado democrático. Algunas claves "explicativas" encontradas en una Tesis "secreta" hallada en Zaragoza.* 2024, 546 pp.

5. Allan R. Brewer-Carías, *Crónica constitucional de un falso gobierno 2011-2013. Supuestamente comandado desde una cama de hospital en La Habana*, 2024, 270 pp.

6. Allan R. Brewer-Carías, *Crónica constitucional del sofocamiento del Poder Legislativo* 2016-2020, 2024, 834 pp.

7. Allan R, Brewer-Carías, *Crónica constitucional sobre el secuestro de la participación política y las elecciones en Venezuela, que dejaron de ser libres, justas, plurales y transparentes (1999-2024)*, 2024, 800 pp.

8. Allan R. Brewer-Carías, *Crónica constitucional sobre el momento constituyente perdido de 1998. (Que el liderazgo democrático no entendió ni supo asumir, y que Chávez le arrebató en 1999 para establecer un régimen autoritario). Enseñanzas para el presente*, 2024, 486 pp.

9. Allan R. Brewer-Carías, *Ruina de la democracia, elección presidencial y momento constituyente en 2024*, 2024, 196 pp.

10. Allan R. Brewer-Carías, *Crónica constitucional sobre el secuestro de la elección presidencial del 28 de julio de 2024*, 2024, 224 pp.

ALLAN R. BREWER-CARÍAS

Profesor emérito de la Universidad Central de Venezuela
Individuo de Número de la Academia de
Ciencias Políticas y Sociales

CRÓNICA CONSTITUCIONAL SOBRE EL SECUESTRO DE LA ELECCIÓN PRESIDENCIAL DEL 28 DE JULIO DE 2024

COLECCIÓN DE CRÓNICAS CONSTITUCIONALES
PARA LA MEMORIA HISTÓRICA, No. 10

Biblioteca Allan R. Brewer-Carías,
Instituto de Investigaciones Jurídicas,
Universidad Católica Andrés Bello

editorial jurídica venezolana
international
2024

©   Allan R. Brewer-Carías
      Email: allan@brewercarías.com

      ISBN: 979-8-89480-628-0

      Impreso por: Lightning Source, an INGRAM Content company
      para Editorial Jurídica Venezolana International Inc.
      Panamá, República de Panamá.
      Email: editorialjuridicainternational@gmail.com

      Diagramación, composición y montaje por Mirna Pinto conforme
      a un formato inicial por: Francis Gil, en letra Times New Roman 12,
      Interlineado Exacto 13, Mancha 18 x 12.5

A María Corina Machado,
a quien conozco desde que nació.

No cabe duda de que @MariaCorinaYA está haciendo historia.
Cuando se escriba la crónica de este duro momento,
será imprescindible hacer referencia a su compromiso con el país,
a su entrega por la causa de la libertad, a su valentía e incluso
a su impecable estado físico para trepar vehículos,
subirse a camiones, a postes, a curiaras, para recorrer el país
en las condiciones más adversas con todas las limitaciones
que todos conocemos.

Gracias MCM por despertar la esperanza en nuestros corazones.

Laureano Márquez @laureanomar

CONTENIDO

TERCERA PARTE

LA "PROCLAMACIÓN" DEL CANDIDATO MADURO, SIN TOTALIZACIÓN DE VOTOS CONFORME A LAS ACTAS DE ESCRUTINIO DE LAS MESAS DE VOTACIÓN, Y SIN SU PUBLICACIÓN DEBIDAMENTE TABULADA

CUARTA PARTE

LA JUDICIALIZACIÓN DEL PROCESO ELECTORAL DEL 28 DE JULIO DE 2024 ANTE EL TRIBUNAL SUPREMO, EN CONTRA DE LA CONSTITUCIÓN Y DE TODAS LAS NORMAS MÁS ELEMENTALES QUE RIGEN LOS PROCESOS JUDICIALES EN VENEZUELA

QUINTA PARTE

LA "RESOLUCIÓN" JUDICIAL DE UNA ELECCIÓN MEDIANTE UNA SENTENCIA DICTADA EN UN INEXISTENTE "PROCESO DE PERITAJE" DESARROLLADO EN SECRETO POR LA SALA ELECTORAL

INTRODUCCIÓN

Durante los largos meses que precedieron la realización de las elecciones presidenciales en Venezuela del 28 de julio de 2024, los venezolanos y el mundo entero fueron testigos de la ejecución de todas las tropelías imaginables realizadas por parte del Estado y sus agentes, para impedir que pudiera haber un triunfo de la oposición.

Se intuía que esto era lo que ocurriría si la elección se dejaba discurrir como democrática, libre, justa, transparente y verificable, por lo que desde el Estado, sus agentes hicieron todo para impedirlo, produciéndose así, entre otros, el secuestro de los principales partidos políticos de la oposición, la inhabilitación política de sus principales líderes para impedir las candidatura de quienes tenían probadas opciones de triunfo, como era el caso de la Sra. María Corina Machado, la detención y desaparición forzosa y arbitraria de muchos de sus dirigentes, y la desaparición efectiva de la imagen de todos los líderes opositores de todos los medios de comunicación escritos y audiovisuales, los cuales fueron monopolizados por el candidato del gobierno, Sr. Nicolás Maduro Moros.

En esta forma, el proceso electoral de 2024, después de la experiencia del referendo consultivo sobre la cuestión del Esequibo celebrado a finales de 2023,[1] y cuya opacidad quedó

---

[1] Véase sobre ello, Allan R. Brewer-Carías, *Las vicisitudes del inútil y distractivo referendo consultivo y la defensa de los derechos de Venezuela sobre el Territorio Esequibo*, Colección de Crónicas

evidenciada en el hecho de que sus resultados de votación nunca se supieron, era evidente que podía considerarse, como lo expresé antes de su realización, que era:

"el proceso electoral en el cual menos garantías ha habido para que pueda considerarse que habrá una elección libre, justa, transparente, plural, verificable y auditable, conforme a los más elementales estándares democráticos."[2]

Siendo la única hipótesis viable para el caso de que se realizaren las elecciones, el seguro triunfo de la oposición, desde el mundo internacional, líderes políticos destacados como por ejemplo Ignacio Lula da Silva y Gustavo Petro, propusieron la necesidad de garantizarle a los perdedores, durante el tiempo posterior a las elecciones, sin duda pensando en el Sr. Maduro y sus funcionarios, "su vida y sobre sus derechos,"[3] lo que sin duda apuntaba a que se le garantizaran al Sr. Maduro perdidoso y a sus funcionarios; y así, lograr "que tengamos una transición tranquila después de las elecciones."[4]

---

constitucionales para la Memoria Histórica, No 2, Biblioteca Allan R. Brewer-Carías, Universidad Católica Andrés Bello, Caracas 2023.

[2] Véase el capítulo explicando "La inexistencia de las condiciones mínimas para que pudieran realizarse unas elecciones justas, libres, plurales, transparentes y verificables en 2024," en Allan R. Brewer-Carías, *Ruina de la democracia, elección presidencial y momento constituyente en 2024*, Colección de Crónicas constitucionales para la Memoria Histórica, No 9, Biblioteca Allan R. Brewer-Carías, Universidad Católica Andrés Bello, Caracas 2024, pp. 9 y 71.

[3] Véase el reportaje: "Y salvaguardar la vida y los derechos de quien salga derrotado. Petro y Lula proponen ofrecer garantías a quien pierda las «elecciones» en Venezuela," en *Gaceta.es*. 28 de abril de 2024, disponible en: https://gaceta.es/ iberosfera/dos-magistrados-del-consejo -electoral-de-colombia-senalan-a-petro-por-financiacion-ilegal-de-cam pana-20240508-2024/?scroll-event=true

[4] Declaraciones del Canciller de Colombia, Luis Alberto Murillo. Véase el reportaje: "Colombia busca garantizar «una transición tranquila» en

Pero desde el ámbito nacional, nada de ello era aceptable, porque si bien en el ámbito del Estado, - descartando la hipótesis de que alguien hubiese engañado a alguien o que alguien se hubiese dejado engañar - también se debía considerar como inevitable el triunfo del candidato de la oposición Sr. Edmundo González Urrutia, como por lo demás, lo mostraban todas las encuestas de opinión, la hipótesis que se manejaba era la de buscar la forma de que los resultados fueran ignorados o alterados. Por ello fueron tan precisas las expresiones del Presidente Nicolás Maduro, en febrero de 2024, cuando anunció respecto de un posible triunfo de la oposición, que "nos estamos preparando, *para no permitirlo ni por una vía ni por la otra, ni por las buenas ni por las malas,*"[5] lo que ratificó después de la elección del 28 de julio, el 2 de septiembre de 2024, señalando: "cuando me toque entregar el mando, lo entregaré a un presidente o presenta chavista, bolivariana y revolucionaria [...] lo entregaré a alguien que comparta nuestros principios y visión revolucionaria;"[6] y del Vice Presidente del Partido Socialista Unido de Venezuela, Sr. Diosdado Cabello,[7] cuando desde abril

---

Venezuela tras las elecciones," en Monitoreamos, 8 de mayo de 2024, disponible en: https://monitoreamos.com/destacado/canciller-de-colom bia-afirmo-que-buscan-garantizar-una-transicion-tranquila-en-venezuela

[5]   Véase la reseña: "Maduro dice que impedirá "por las buenas o las malas" que oposición tome el poder en Venezuela," en RCN Noticias, 4 de febrero de 2024, disponible en: https://www.noticiasrcn.com/internacional/maduro-dice-que-impedira-por-las-buenas-o-las-malas-que-oposicion-tome-el-poder-en-venezuela-266427.

[6]   Véase la reseña: "Nicolás Maduro: "Solo entregaré el poder a un presidente o presidenta chavista," en *El Estímulo*, 2 de septiembre de 2024, disponible en: https://elestimulo.com/politica/2024-09-02/nicolas-madu ro-solo-entregare-el-poder-a-un-presidente-o-presidenta-chavista/?utm _term=Autofeed&utm_medium=Social&utm_source=Twitter#Echob ox=1725343105.

[7]   Véase las referencias en Allan R. Brewer-Carías, *Ruina de la democracia, elección presidencial y momento constituyente en 2024*, cit., pp. 172, 173, 188.

de 2024 también anunció, no sólo que los de la oposición *"Ni por las buenas ni por las malas van a volver a gobernar este país,"*[8] sino que *"Ni por las buenas, ni por las malas los vamos a dejar ganar."*[9]

Lo que sigue es la *Crónica Constitucional* de la ejecución de esos anuncios, que no tenían otro significado distinto del que deriva de la propia expresión de las palabras utilizadas, de que desde el Estado se impediría que se completara el proceso electoral que reflejara el triunfo de la oposición ("no los vamos a dejar ganar"), lo que solo se podía lograr torciendo el resultado de la voluntad popular expresada en las elecciones, lo cual por supuesto no iba a ser tarea fácil.

Por ello, Oswaldo Álvarez Paz, observaba a finales de junio sobre la posibilidad de que, ante el triunfo del candidato opositor, desde el gobierno "no entregarán el poder por las buenas," indicando que "Son capaces de cualquier cosa para retenerlo. Es constante el avance de la represión, el acoso y la violencia de variada calidad en contra de cuanto se les opone y no hay claridad con relación hasta donde podrían llegar." Sin embargo, expresó: "Vamos todos a votar, vamos a ganar y vamos a cobrar el triunfo. No podrán impedirlo. El cambio real y profundo que Venezuela necesita será una realidad."[10]

---

[8] Véase la reseña: "Diosdado Cabello: "Ni por las buenas ni por las malas; más nunca volverán a gobernar este país", en *NTN24,* 11 de abril de 2024, disponible en https://www.ntn24.com/noticias-politica/ diosdado-cabello-ni-por-las-buenas-ni-por-las-malas-mas-nunca-volve ran-a-gobernar-este-pais-483903.

[9] Véase: "Advertencia, Cabello le advierte a la oposición: "Ni por las buenas, ni por las malas los vamos a dejar ganar," en *Diario Las Américas,* 8 de mayo de 2024, disponible en: https://www.diariolas americas.com/america-latina/cabello-le-advierte-la-oposicion-ni-las-buenas-ni-las-malas-los-vamos-dejar-ganar-n5356277.

[10] Véase Oswaldo Álvarez Paz, "Desde el puente: Esperanza real en un tiempo incierto," en *América 2.1,* 25 de junio de 2024, disponible en:

Por su parte, José Ignacio Hernández explicaba unos días antes de las elecciones, que:

"la explicación en la que parecen coincidir muchos, es que Maduro confía en que, a pesar de todo, el 28 de julio será proclamado ganador con un fraude que, a estas alturas, tendrá que ser evidente y grosero,"

agregando, sin embargo, que

"existen suficientes indicios como para considerar que, en caso de una reelección fraudulenta, Maduro no podrá recuperar la legitimidad que perdió en 2019. Ya los fraudes y graves violaciones de derechos humanos son tan evidentes, que cualquier reelección de Maduro tendrá una mancha de ilegitimidad."[11]

La dura realidad de lo que estaba anunciado la expresaron los dos Cardenales de Venezuela, Baltazar Enrique Porras Cardozo, arzobispo de Caracas, y Diego Padrón Sánchez, arzobispo emérito de Cumaná, en una posición común *Una reflexión fraterna y en comunión ante la realidad nacional.*" que redactaron el 31 de julio de 2024, indicando que:

"1. El proceso electoral venezolano del pasado 28 de julio no cristalizó a favor del líder del partido de Gobierno, el actual presidente de la República. De manera cívica y ejemplar el pueblo se manifestó, con mayoría abrumadora, en su contra, y decidió un cambio en la orientación general del régimen de gobierno.

Éste era el sentimiento general de la población, previo al escrutinio electoral, reflejado en numerosas encuestas.

---

https://americanuestra.com/oswaldo-alvarez-paz-desde-el-puente-esperanza-real-en-un-tiempo-incierto/

[11] Véase José Ignacio Hernández, "¿Y qué va a pasar el 28 de julio?," 23 de julio de 2024, en *La Gran Aldea*, disponible en: https://lga.lagranaldea.com/2024/07/23/y-que-va-a-pasar-el-28-de-julio/

2. La reacción del gobierno venezolano ha sido, hasta ahora, negar rotundamente el triunfo opositor y, sin mostrar pruebas, que son las actas de votación, que deben ser reflejo auténtico de la expresión popular materializada en el voto, ha proclamado oficialmente ganador al actual presidente Nicolás Maduro Moros. […]

4. En igual sentido, el gobierno, en lugar de tender puentes con la coalición opositora con vistas, primero, a facilitar el reconocimiento de la verdad electoral, premisa para una transición política democrática y pacífica, ha ensanchado el abismo frente a ella, *considerando enemigos a todos los que no aprueban su conducta y ha decidido aniquilarlos con la represión, la cárcel, la violencia y la muerte.*

5. La lógica de un "golpe de estado" construido ad hoc en la que está inmerso el gobierno lo lleva a no importarle en primera instancia la opinión internacional que le solicita, casi unánimemente, mostrar la totalidad de las actas detalladas de las mesas de votación.

6. Dicha solicitud generalizada, en consonancia con el clamor interno, es que brille la verdad y, como signo de la realidad ocurrida y garantía de convivencia pacífica y legitimidad social y ética, para que el gobierno entregue las actas y se confirmen los resultados. Hay, por el contrario, indicios de que el régimen está "fabricando" otras actas acomodadas a su interés. Consta que se ha intimidado a responsables y testigos de mesas opositores para que las firmen. No obstante, existe la convicción de que lo que puedan hacer u ofrecer no opacará la imagen ya extendida mundialmente de fraude. A esto se añade la proclamación irregular de un supuesto ganador, hecho que técnicamente

constituye además una usurpación. Se han traspasado todas las barreras que pudieran dar legitimidad al régimen." [12]

Concluyeron los Cardenales, en todo caso, precisando que cualquier convocatoria a "diálogos," que pudiese:

"comenzar por las iglesias y confesiones religiosas, bajo la premisa de reconocer la proclamación de los resultados por el Consejo Nacional Electoral (CNE) y sobre todo la sentencia del TSJ," para ellos "es inadmisible porque sería ignorar el fraude evidente, la usurpación manifiesta, desconocer la soberanía popular inequívocamente expresada, y el consecuente derecho a expresar pacífica, pero decidida y firmemente la legítima protesta." [13]

Como antes dijimos, esta es la *Crónica Constitucional* que he escrito para la Colección sobre la memoria Histórica de la Biblioteca Allan R. Brewer-Carías, del Instituto de Investigaciones Jurídicas de la Universidad Católica Andrés Bello, sobre el desconocimiento y secuestro de la elección presidencial del 28 de julio, la cual desarrollo analizando lo sucedido en el país durante el mes siguiente de la elección, en las siguientes cinco partes:

---

[12] Véase el texto de la Declaración conjunta (1 de agosto de 2024) en Ramón Antonio Pérez, "Baltazar Porras y Diego Padrón acusan a Maduro de "fraude", "usurpación" y "golpe de Estado," en *El Guardián Católico*, 5 de agosto de 2024, disponible en: https://elguardiancatolico.blogspot.com/2024/08/baltazar-porras-y-diego-padron-acusan.html Posteriormente el Cardenal Diego Padrón reiteraría su criterio en una conferencia virtual organizada por la Academia de Líderes Católicos. Véase la reseña: "Cardenal Diego Padrón: "La verdad y toda la verdad es que ganó Edmundo González en Venezuela," en *Morfema Press*, 8 de agosto de 2024, disponible en: https://morfema.press/actualidad/cardenal-diego-padron-la-verdad-y-toda-la-verdad-es-que-gano-edmundo-gonzalez-en-venezuela/

[13] *Idem*.

Primera parte: La ausencia de condiciones mínimas para que el proceso electoral del 28 de julio de 2024 pudiera ser considerado como libre, justo, transparente, plural y verificable.

Segunda parte: Las actas de escrutinio como pruebas únicas y auténticas de las votaciones en Venezuela, y base única para la totalización de votos y la adjudicación y proclamación de candidatos.

Tercera parte: La "proclamación" del candidato Maduro, sin totalización de votos conforme a las actas de escrutinio de las mesas de votación, y sin su publicación debidamente tabulada.

Cuarta parte: La judicialización del proceso electoral del 28 de julio de 2024 ante el Tribunal Supremo, en contra de la Constitución y de todas las normas más elementales que rigen los procesos judiciales en Venezuela.

Quinta Parte: La "resolución" judicial de una elección mediante una sentencia dictada en un inexistente "proceso de peritaje" desarrollado en secreto por la Sala Electoral del Tribunal Supremo.

PRIMERA PARTE

AUSENCIA DE CONDICIONES MÍNIMAS PARA QUE EL PROCESO ELECTORAL DEL 28 DE JULIO DE 2024 PUDIERA SER CONSIDERADO COMO LIBRE, JUSTO, TRANSPARENTE, PLURAL Y VERIFICABLE

Por todo lo anteriormente expuesto, y por lo que detallamos antes de la realización de las elecciones en nuestro libro: *Ruina de la democracia, elección presidencial y momento constituyente en 2024,* publicado el 18 de julio de 2024 (196 pp.), desde el primer día después de las elecciones, ante la falta de transparencia del Consejo Nacional Electoral en el manejo del proceso, tal como lo reconoció públicamente uno de los Rectores del organismo un mes después de la elección,[14] todas las alarmas

---

[14] El 26 de agosto de 2024, el Sr. Juan José Delpino, Rector miembro del Consejo Nacional Electoral expresó en un Comunicado público sobre "Irregularidades ocurridas durante el proceso electoral del 28 de julio de 2024 y los desafíos previos y posteriores al día de la elección que derivaron en una pérdida de confianza en la integridad del proceso y en los resultados anunciados," su "desacuerdo con la falta de transparencia en el proceso," y particularmente "con la falta de publicación oportuna de los resultados mesa por mesa, según la tradición dentro de las 48 horas siguientes y no dejar correr el término del lapso establecido en el artículo 125 de la LOPRE, casi inmediatamente después del primer anuncio, lo que trajo como consecuencia la suspensión de auditorías de verificación ciudadana

se encendieron en el mundo internacional. Esto conllevó a que, por ejemplo, los Ministros de Asuntos Exteriores del G7, Canadá, Francia, Alemania, Italia, Japón, el Reino Unido y los Estados Unidos de América y el Alto Representante de la UE, al manifestar su "solidaridad con el pueblo de Venezuela, que ejerció pacíficamente su derecho al voto en gran número el 28 de julio para dar forma al futuro de su país," a indicaran que:

"Los informes de observadores nacionales e internacionales independientes han planteado serias preocupaciones sobre los resultados anunciados de las elecciones presidenciales de Venezuela y sobre la forma en que se llevó a cabo el proceso electoral, especialmente en relación con las irregularidades y la falta de transparencia en el recuento final de los votos. Es de suma importancia que el resultado refleje la voluntad del pueblo venezolano. Instamos a los representantes pertinentes a publicar los resultados electorales detallados con total transparencia y pedimos a los representantes electorales que compartan de inmediato toda la información con la oposición y los observadores independientes."[15]

---

fase II, datos electorales fase II, telecomunicaciones fase II afectando la cadena de confianza de la auditoria y generando incertidumbre." Agregó así mismo que "Todo lo ocurrido antes, durante y después de la elección presidencial, señalan la gravedad de la falta de transparencia y veracidad de los resultados anunciados," lamentando "que el resultado y su reconocimiento" lo que ha originado es que "subyace la duda en la mayoría de los venezolanos y en la comunidad internacional sobre los resultados." Disponible en: https://diarioversionfinal.com /xvf-portada/vf-home/ahora-juan-carlos-delpino-publica-un-comunicado -a-la-opinion-publica/. Véase, además, sus declaraciones en: "Editorial Juan Carlos Delpino: rector con legado demócrata," en *Diario Versión Final*, 26 de agosto de 2024, disponible en https://diarioversión final.com/editoriales/editorial-juan-carlos-delpino-rector-con-legado -democrata/ /

[15] Véase Georgette Sahhar, "El G7 instó al gobierno de Venezuela a publicar los resultados detallados de las elecciones. Los países

En la misma línea, unos días después, el 3 de agosto de 2024, el Presidente del Consejo de Ministros de la República Italiana, el Presidente de la República Francesa, el Canciller de la República Federal de Alemania, el Presidente del Gobierno de España, el Primer Ministro de los Países Bajos, el Primer Ministro de la República de Polonia y el Primer Ministro de la República Portuguesa, emitieron una Declaración Conjunta, expresando su "gran preocupación por la situación que se vive en Venezuela tras las elecciones presidenciales del pasado domingo," haciendo un llamado:

---

miembros expresaron su preocupación por la forma en la que se desarrolló la jornada electoral," en *El Diario*, 31 de julio de 2024, disponible en: https://eldiario.com/2024/07/31/g7-insto-gobierno-venezuela-publicar-resultados-detallados-elecciones/. Debe destacarse que desde el mismo día 29 de julio, el portavoz oficial del Primer Ministro del Gobierno Británico, expresó: "Estamos preocupados por las acusaciones de graves irregularidades en el conteo y los resultados declarados de las elecciones presidenciales del domingo en Venezuela. Pedimos la publicación rápida y transparente de resultados completos y detallados para garantizar que el resultado refleje los votos del pueblo venezolano. El Reino Unido no reconoce actualmente al régimen de Maduro. "Esperaremos para asegurarnos de que el resultado refleja los votos del pueblo venezolano". En Nicholas Cecil, "Maduro regime not recognised by Britain amid new disputed presidential election, says No10," *The Standard*, 29 de julio de 2024, disponible en: https://www.standard.co.uk/news/politics/maduro-venezuela-election-president-fraud-election-britain-us-b1173484.html. En cuanto al Secretario de Estado de los Estados Unidos de América, Antony Blinken, el mismo día 29 de julio de 2024 expresó que: "Estados Unidos tiene serias preocupa-ciones de que los resultados anunciados por la autoridad electoral de Venezuela que declaran que el presidente Nicolás Maduro ha ganado un tercer mandato, no reflejen los votos del pueblo." Véase "U.S. Concerned Results Announced by Venezuela Election Authority Don't Reflect Votes, Says Blinken," en *USNews*, 29 de julio de 2024, disponible en: https://www.usnews.com/news/world/articles/2024-07-29/blinken-calls-for-venezuela-to-publish-tabulation-of-votes-in-sundays-election "a las autoridades venezolanas para que publiquen sin demora todas las actas de escrutinio a fin de garantizar la plena transparencia e integridad del proceso electoral. La oposición indica que han recogido y publicado más del 80% de las actas que se elaboraron en cada mesa de votación. Esta verificación es esencial para el reconocimiento de la voluntad del pueblo venezolano."[16]

Igualmente, la Unión Europea, expresó que "los resultados de las elecciones no han sido verificados y no podrán considerarse representativos de la voluntad del pueblo venezolano hasta que se publiquen y verifiquen todas las actas oficiales de las mesas electorales," exhortando:

"al Consejo Nacional Electoral de Venezuela a que actúe con la máxima transparencia en el proceso de tabulación de los resultados, incluyendo el acceso inmediato a las actas de votación de todas las mesas electorales y la publicación de los resultados electorales desglosados. La UE también pide a las autoridades que garanticen la investigación completa y oportuna de cualquier queja o reclamación postelectoral."[17]

Los temores de los gobiernos en el mundo sobre la ausencia de condiciones para que las elecciones del 28 de julio pudieran considerarse unas elecciones libres, justas, limpias, transparentes y verificables, y que el resultado que se diera de las mismas fuese producto de una labor imparcial de parte del órgano electoral, fueron corroborados y documentados particularmente por los observadores internacionales independientes que

---

[16] Disponible en: https://www.lamoncloa.gob.es/presidente/actividades/ Paginas/2024/240803-declaracion-conjunta-sobre-venezuela.aspx.

[17] Véase Carlos Moreno, "La UE acaba de desconocer los resultados de las presidenciales en Venezuela por no ser verificados," en América Nuestra, 30 de julio de 2024, disponible en: https://americanuestra. com/la-ue-acaba-de-desconocer-los-resultados-de-las-presidenciales-en-venezuela-por-no-ser-verificados/.

presenciaron el proceso electoral, invitados por el Consejo Nacional Electoral, en particular, por el Centro Carter en su Informe de 30 de julio de 2024,[18] por el Departamento para la Cooperación y Observación Electoral (DECO) de la Secretaría para el Fortalecimiento de la Democracia de la OEA sobre la elección presidencial de Venezuela en su Informe para el Secretario General Luis Almagro fechado el 30 de julio de 2024,[19] , y por el Informe Preliminar del Panel de Experto de la ONU sobre la Elección presidencial de Venezuela del 28 de julio de 2024.[20]

En resumen, el Centro Carter dijo sobre el proceso:

i) que la elección presidencial de 2024 "no se adecuó a parámetros y estándares internacionales de integridad electoral; (ii) que "no puede ser considerada como democrática;" (iii) que "no puede verificar o corroborar la autenticidad de los resultados de la elección presidencial declarados por el Consejo Nacional Electoral (CNE);" (iv) que la falta de anuncio por el CNE de los "resultados desglosados por mesa electoral constituye una grave violación de los principios electorales;" (v) que dicho proceso electoral "ha infringido numerosos preceptos de la propia legislación nacional;" (vi) que hubo "ausencia de transparencia del CNE en la difusión de los resultados."

El Centro Carter, además, fue explícito en señalar en su Informe que "el proceso electoral de Venezuela en 2024 no ha alcanzado los estándares internacionales de integridad electoral en ninguna de sus etapas relevantes, y ello:

---

[18] Disponible en: https://www.cartercenter.org/news/pr/2024/venezuela-073024-spanish.pdf.

[19] Disponible en: http://www.oas.org/fpdb/press/Informe-al-SG-sobre-Elecciones-Venezuela-2024-30-de-julio-para-distribuir-(1).pdf.

[20] Disponible en: https://news.un.org/en/sites/news.un.org.en/files/atoms / files/Informe_Preliminar_PdE_Venezuela_090824.pdf.

(i) en materia electoral, porque "la actualización del registro de electores se realizó con numerosos inconvenientes:" por los "plazos muy cortos, relativamente escasos lugares de inscripción y una mínima campaña de información y difusión públicas"; porque el problema se agravó " en el exterior, donde los ciudadanos enfrentaron barreras legales desmedidas, incluso arbitrarias, para inscribirse en el padrón en el extranjero;" y porque " el resultado de la restrictiva jornada especial se tradujo en cifras muy bajas de nuevos votantes en el exterior;"

(ii) En materia de partidos políticos y candidaturas: porque "el registro de partidos y candidatos tampoco se adecuó a estándares internacionales;" porque "en los años recientes, partidos de la oposición han sufrido intervenciones judiciales en desmedro de sus liderazgos social y políticamente más reconocidos para beneficiar a personas afines al gobierno, influyendo sobre la conformación de sus candidaturas;" porque "de manera aún más importante, la inscripción de la candidatura de las principales fuerzas de oposición se halló sujeta a la discrecionalidad de las autoridades electorales que adoptaron decisiones sin respetar principios jurídicos básicos;"

(iii) En materia de campaña electoral: porque "La campaña electoral se desarrolló con un notable desequilibrio a favor del gobierno en todos los campos;" porque "La candidatura oficialista contó con muy amplios recursos, lo que se tradujo en la gran desproporción de mítines, murales, vallas y afiches a su favor;" porque "se observó el abuso de recursos públicos, incluyendo el uso de vehículos, la movilización de funcionarios para la campaña y el uso de programas sociales;" porque "asimismo, la candidatura gubernamental tuvo preponderancia en la televisión y la radio, tanto en publicidad, transmisión de eventos y cobertura noticiosa;" y porque "las autoridades intentaron restringir las campañas de la oposición, incluyendo la persecución e intimidación de personas que prestaron servicios o vendieron bienes para el proselitismo opositor para generar un efecto disuasivo;" y

(iv) Sobre el acto electoral del 28 de julio: porque durante el mismo se produjeron "restricciones en el acceso a recintos para observadores nacionales y, sobre todo, testigos de partidos," porque durante el mismo se observaron "mecanismos de eventual presión sobre el electorado (puntos de control partidario gubernamental en la cercanía de los recintos para verificar la asistencia de los votantes)," y porque hubo "incidentes de tensión o violencia reportados en algunas localidades."[21]

Por su parte el Informe del Departamento para la Cooperación y Observación Electoral de la OEA, en sentido coincidente, y en forma mucho más extensa se refirió a todas esas circunstancias, resumiéndolas al indicar que:

"El proceso electoral presidencial se desarrolló en un clima de intensa polarización y desconfianza hacia el sistema electoral. La desaparición de la frontera entre el Estado, el gobierno y el partido oficialista se ha traducido en el control gubernamental de la totalidad de las instituciones públicas, incluyendo el poder legislativo, el sistema judicial, el ejército, la policía, el servicio de inteligencia, el CNE y distintos medios de comunicación. A esto se suma la presencia de grupos armados paraestatales ligados al oficialismo, según han documentado diversas organizaciones nacionales e internacionales.

Al igual que hace seis años, la elección presidencial de 2024 fue una contienda en extremo inequitativa. La

---

[21] Disponible en: https://www.cartercenter.org/news/pr/2024/venezuela-073024-spanish.pdf. Sobre la importancia del Informe del Centro Carter a nivel internacional, véase Frances Robles, "Pro-Democracy Minitoring Group denounces Venezuelan Electiom," en *The New York Times,* 1 de agosto de 2024, p. A10.

desmedida concentración del poder y la eliminación de los pesos y contrapesos tuvo, de nuevo, consecuencias electorales claras: la detención y persecución de miembros de la oposición y sus colaboradores, la creación de un ambiente de intimidación y amenaza, la aplicación de subterfugios legales para neutralizar fuerzas rivales y marginalizar a segmentos del electorado, el uso de recursos públicos y redes clientelares con fines proselitistas, la falta de transparencia y las restricciones al derecho de información, entre otras. [...]

Desde antes de la jornada electoral, la elección presidencial se había caracterizado por una sucesión de obstrucciones arbitrarias al ejercicio del sufragio activo y pasivo, en la forma de artilugios ilegales, intimidación, violencia, detenciones, expulsiones, inhabilitaciones, trabas burocráticas, uso electoral del aparato estatal y otro arsenal de obstáculos a la manifestación libre de la voluntad popular. Estas acciones buscaron inclinar la balanza a favor del oficialismo, desalentar y amedrentar a la oposición, engañar y confundir al electorado y, en general, burlar la normativa electoral y los acuerdos alcanzados en un amplio proceso de negociación con acompañamiento internacional. Desafortunadamente, los esfuerzos del oficialismo por controlar el proceso electoral no cesaron el 28 de julio, sino que más bien se intensificaron al cierre de la votación." [...][22]

En cuanto al Panel de Expertos de la ONU sobre la Elección presidencial de Venezuela del 28 de julio de 2024

"4. El período preelectoral estuvo marcado por continuas restricciones al espacio cívico y político. La campaña del gobierno dominó los medios de comunicación estatales, con acceso muy limitado para los candidatos de la

---

[22] Disponible en: http://www.oas.org/fpdb/press/Informe-al-SG-sobre-Elecciones-Venezuela-2024-30-de-julio-para-distribuir-(1).pdf

oposición. Numerosas restricciones al derecho a postularse para cargos públicos se mantuvieron vigentes para varias figuras políticas prominentes."[23]

Por su parte, la Comisión Interamericana de Derechos Humanos y la Relatoría de la Libertad de Expresión, en Declaración Conjunta de fecha 15 de agosto de 2024 expresaron sobre el proceso preelectoral en Venezuela:

"El 17 de octubre de 2023, el gobierno de Venezuela y la oposición firmaron el "Acuerdo parcial sobre la promoción de derechos políticos y garantías electorales para todos los venezolanos" que establecía el compromiso de llevar a cabo elecciones presidenciales pacíficas con observación internacional.

Sin embargo, en el período preelectoral, el régimen intensificó prácticas autoritarias para obstruir la participación política mediante un patrón de coerción destinado a desmovilizar a la oposición y a sus posibles simpatizantes. En otras medidas, se impidió la inscripción de candidaturas opositoras, como las de María Corina Machado y Corina Yoris. Asimismo, el Estado impuso barreras al voto en el extranjero, y negó la acreditación e ingreso al país de la mayoría de las misiones independientes de observación internacional. Además, intensificó la persecución política, hostigamiento y las detenciones arbitrarias de dirigentes opositores, activistas y periodistas. En ese contexto, Nicolás Maduro advirtió un "baño de sangre y una guerra civil en el país" si la oposición lograba una victoria electoral.

---

[23] Disponible en: https://news.un.org/en/sites/news.un.org.en/files /atoms / files/Informe_Preliminar_PdE_Venezuela_090824.pdf.

Este anuncio tuvo el objetivo de infundir terror en la población y generar un efecto paralizador de la participación ciudadana en el proceso"[24]

Debe destacarse, además, y como ejemplo, la coincidencia general con las apreciaciones anteriores, de organizaciones como *Transparencia Electoral*, la cual en su Informe preliminar de Transparencia Electoral sobre las Elecciones Presidenciales Venezuela 2024, de fecha 1 de agosto de 2023, después de monitorear "el proceso electoral de Venezuela desde su convocatoria hasta la jornada electoral del 28 de julio y los eventos sucesivos que solo pueden catalogarse como un fraude masivo," consideró que "el proceso electoral no cumplió con los más básicos estándares democráticos, y los resultados anunciados por el CNE han sido forjados, constituyendo un fraude masivo," destacando entre otros hechos que:

"(i) Durante la fase preelectoral, se registraron graves obstáculos para el registro y la actualización de los datos de cerca de 5 millones de venezolanos en el exterior en edad de votar (casi 25% del padrón electoral), así como de al menos un millón de venezolanos en el territorio nacional, que no pudieron actualizar sus domicilios y cambiar sus centros de votación.

(ii) Aunado a esto, se violaron los derechos políticos de varios liderazgos a través de las inhabilitaciones ilegales (entre ellas la de María Corina Machado), la intervención judicial a partidos políticos, y la persecución a opositores y comerciantes que le brindaban servicios al comando de campaña de Edmundo González, que dejó como saldo más de 100 detenciones arbitrarias en el marco de las elecciones, muchas de ellas constituyeron desapariciones forzadas.

---

[24] Véase "CIDH y RELE condenan prácticas de terrorismo de estado en Venezuela," 15 de agosto de 2024, disponible en: https://www.oas.org/pt/CIDH/jsForm/?File=/es/cidh/prensa/comunicados/2024/184.asp

(iii) El Consejo Nacional Electoral (CNE) se manejó con una política de opacidad informativa, el cronograma electoral no se cumplió y fue varias veces cambiado sin previo aviso, y las acciones de su presidente, Elvis Amoroso, acabaron con cualquier atisbo de institucionalidad. De hecho, el Rector Principal Juan Delpino denunció que el directorio no se reunió durante meses y que las decisiones eran tomadas unilateralmente por Amoroso.

(iv) Durante la jornada de votación, se registraron impedimentos para el ingreso de los testigos de la oposición en los centros de votación, puntos rojos cerca de los recintos para controlar la participación, acarreo de votantes, uso de los recursos del Estado para beneficiar al oficialismo, y falta de disposición para que los testigos y la ciudadanía observaran el cierre de mesas y la auditoría ciudadana.[25]

Todo lo anterior, sin embargo, no impidió que el proceso electoral de votación, en medio de todos esos inconvenientes políticos, al fin se desarrollara el 28 de julio de 2024, teniendo como candidato presidencial unitario de oposición al Sr. Edmundo González Urrutia, con el apoyo y liderazgo indiscutible de la Sra. María Corina Machado, enfrentando al Sr, Nicolás Maduro, quien ejercía la Presidencia de la República, de manera que como lo constató el Centro Carter en el Informe de Observación Electoral:

"Pese a este contexto, la ciudadanía venezolana se movilizó masiva y pacíficamente el 28 de julio para expresar sus preferencias. La jornada de votación transcurrió de una manera cívica, pese a restricciones en el acceso a recintos para observadores nacionales y, sobre todo, testigos de partidos, mecanismos de eventual presión sobre el electorado (puntos de control partidario

---

[25] Disponible en: https://transparenciaelectoral.org/transparencia-electoral -advierte-que-las-elecciones-de-venezuela-no-cumplieron-con-los-mas -basicos-estandares-internacionales/.

gubernamental en la cercanía de los recintos para verificar la asistencia de los votantes) e incidentes de tensión o violencia reportados en algunas localidades. En el número limitado de recintos visitados, los equipos de observadores del Centro Carter comprobaron la voluntad de la ciudadanía venezolana por participar en un proceso electoral democrático y demostrando su compromiso cívico como integrantes de mesa, testigos de partidos y observadores."

Lo mismo, en líneas generales, se expresó en el Informe del Departamento para la Cooperación y Observación Electoral de la OEA, al destacar que:

"En horas de la mañana, se registraron largas filas en los centros de votación, que en algunos casos se formaron desde la noche anterior a la elección. Las y los venezolanos esperaron pacientemente para ejercer su derecho al sufragio. La elección presidencial transcurrió en calma y en un clima de normalidad en todo el territorio nacional."[26]

Ahora bien, antes de referirnos a las vicisitudes que tuvo el proceso electoral para la elección presidencial a partir del día de las elecciones, 28 de julio de 2024, es importante precisar con detalle, las características del sistema electoral automatizado que se ha consolidado en Venezuela, particularmente a partir de 2009, tal como se regula en la Ley Orgánica de los procesos Electorales y su Reglamento general, en particular el carácter de las Actas de Escrutinio de las Mesas Electorales como la base fundamental del sistema, y para la operación de la totalización de los resultados de las votaciones. Solo teniendo claro ese régimen legal y reglamentario es que se puede entender tanto el proceso electoral como lo ocurrido a partir del 28 de julio.

---

[26] Disponible en: http://www.oas.org/fpdb/press/Informe-al-SG-sobre-Elecciones-Venezuela-2024-30-de-julio-para-distribuir-(1).pdf

SEGUNDA PARTE

LAS ACTAS DE ESCRUTINIO COMO PRUEBAS ÚNICAS Y AUTÉNTICAS DE LAS VOTACIONES EN VENEZUELA, Y BASE ÚNICA PARA LA TOTALIZACIÓN DE VOTOS Y LA ADJUDICACIÓN Y PROCLAMACIÓN DE CANDIDATOS

I. LA IMPORTANCIA DE LAS ACTAS DE ESCRUTINIO DE LAS MESAS DE VOTACIÓN

El sistema electoral venezolano comprende un detallado sistema automatizado para la realización de los procesos electorales, en el cual las Actas de Escrutinio que se emiten en cada Mesa Electoral constituyen la piedra angular o elemento fundamental de la elección, configurándola como la única prueba auténtica del acto de votación.[27] Las Actas de Escrutinio

---

[27] Sobre este tema véase también lo que expusimos en Allan R. Brewer-Carías, "Las Actas de Escrutinio como pruebas únicas y auténticas de las votaciones en Venezuela, y base única para la totalización de votos y la adjudicación y proclamación de candidatos. El caso de la elección del 28 de julio de 2024," 5 de agosto de 2024. Disponible en: https://allanbrewercarias.com/wp-content/uploads/2024/08/235.-A.-R.-Brewer-Carias.-ACTAS-DE-ESCRITINIO-COMO-PRUEBAS-UNICAS-Y-AUTENTICAS-DE-LAS-VOTACIONES-EN-VENEZUELA-Y-LAS-ELECCIONES-DEL-28J.-5-8-2024.pdf; cuyo texto seguimos en esta Parte.

son emitidas automáticamente por la máquina de votación en cada Mesa, provistas de código de identificación QR y firma electrónica, únicos de cada Acta, y además, poseen las firmas autógrafas de todos los Miembros de la Mesa y de los Testigos que han presenciado el acto de votación, estampadas en forma digital.

Como lo observó el Panel de Expertos de la ONU en su Informe Preliminar sobre la Elección Presidencial en Venezuela de 9 de agosto de 2024:

"11. El CNE puso en marcha medidas para la producción de protocolos de resultados impresos (actas), a nivel de las mesas de votación. Esta fue una medida de salvaguardia clave de transparencia (es decir, una prueba documental en papel), con varios elementos de seguridad como códigos QR y códigos de comprobación con firmas únicas, así como firmas físicas de funcionarios y agentes. Estas características de seguridad, en su conjunto, parecen ser muy difíciles de falsificar. El marco legal estipula que cada protocolo original impreso debe ser sellado y resguardado por los militares. Copias de los mismos debían ser distribuidos a los funcionarios de las mesas de votación, agentes de los partidos y observadores acreditados."[28]

Se trata de Actas que son esencialmente públicas, que en el caso de la elección presidencial, son transmitidas inmediatamente por vía electrónica, por cada Mesa de Votación, al Consejo Nacional Electoral, emitiéndose tantas copias como sean necesarias para los miembros de Mesa, los testigos y los representantes de las organizaciones políticas.

La consecuencia inmediata es que todos los interesados en la votación tienen legítimamente copia de dichas actas y, por tanto, todos los candidatos y las organizaciones y partidos

---

[28] Disponible en https://news.un.org/en/sites/news.un.org.en/files/atoms/files/Informe_Preliminar_PdE_Venezuela_090824.pdf.

políticos que los respaldan tienen la información contenida en ellas. Por tanto, en caso de que tengan suficiente y adecuada organización e información, apenas concluido el acto de escrutinio pueden tener información veraz sobre el resultado de las elecciones, mucho antes que el Consejo Nacional Electoral haga cualquier anuncio mediante Boletín Oficial alguno.[29]

Y ello es posible, porque como se dijo, son públicas, todos los interesados pueden tener legítimamente copia de las Actas de Escrutinio, que siendo públicas pueden ser publicadas libremente, tal como ocurrió desde el día siguiente a la votación, mediante su publicación en sitio web de Internet.[30] De hecho, esa información sobre la votación del 28 de julio de 2024, publicada con amplitud y alcance mundial, en los términos de la jurisprudencia emanada de todas las Salas del Tribunal Supremo de Justicia, podría incluso considerarse como un hecho público notorio y comunicacional, que no requiere prueba adicional.

---

[29] Véase así, la reseña: "Machado anuncia que recabaron el 73.20% de las actas: "Ni colocándole el 100 % al resto de las actas a Maduro le alcanzaría" (+ VOTOS)," en *Morfema Press*, 29 de agosto de 2024, disponible en: https://morfema.press/actualidad/machado-anuncia-que-recabaron-el-73-20-de-las-actas-ni-colocandole-el-100-al-resto-de-las-actas-a-maduro-le-alcanzaria/.

[30] Como, por ejemplo, desde el día 29 de julio de 2024, se han publicado en varios sitios web. Disponible en: https://resultadosconvzla.com. Véase la referencia en: "María Corina publicó los resultados que el CNE se negó a dar," en *Morfema Press*, 29 de julio de 2024, disponible en: https://morfema.press/actualidad/maria-corina-publico-los-resultados-que-el-cne-se-nego-a-dar/; en "Resultados Con Venezuela": María Corina presenta al mundo página con números transparentes por Estados y Municipios," en *Morferma,* 30 de julio de 2024, disponible en: https://morfema.press/destacada/resultados-con-venezuela-maria-corina-presenta-al-mundo-pagina-con-numeros-transparentes-por-estados-y-municipios/ También están disponibles en: https://x.com/VE360_/status/1820094959711666435?t=xFvUBDWrIahLlUgdlNu6nA&s=08.

En todo caso, es solo con base en la información contenida en las Actas de Escrutinio que se pueden dar los pasos siguientes del proceso electoral, que en el caso de la elección presidencial, corresponde exclusivamente al Consejo Nacional Electoral, como cuerpo colegiado cabeza del Poder Electoral, a saber: la totalización de los votos conforme a los resultados contenidos en las Actas de Escrutinio, emitiendo a tal efecto, Boletines parciales o total; la adjudicación del cargo al candidato que haya resultado electo, y ulteriormente la proclamación. Todo ello, como competencia exclusiva y excluyente del Poder Electoral, que es el único constitucionalmente facultado para ello.[31]

En consecuencia, como lo resumió con toda claridad la "Facultad de Ciencias Jurídicas y Políticas de la Universidad Central de Venezuela, luego de la realización de la elección presidencial del día 28 de julio de 2024, en un importante Pronunciamiento intitulado: *"Sin totalización Verificada no puede haber Proclamación,"* emitido el 1 de agosto de 2024:

"El pasado lunes 29 el presidente del Consejo Nacional Electoral, sin la presencia de ninguno de los demás rectores, proclamó al actual presidente de la República, Nicolás Maduro, como presidente electo en los comicios celebrados el día anterior. Esta proclamación ocurrió cuando apenas se había emitido un supuesto Boletín Parcial de Totalización, que no fue emitido por el Sistema Automatizado de Totalización y en el que faltaba el 20% de las actas por escrutar.

---

[31]   Como lo afirmaron con razón los Ministros de la Defensa y de Interior, Justicia y Paz, en Declaración Conjunta del día 5 de agosto de 2024, publicitada por el Presidente Nicolás Maduro en su cuenta X (6 de agosto de 2024), "el *Poder Electoral"* *"es el único ente constitucionalmente facultado"* para emitir "los *correspondientes resultados"* de las votaciones, por supuesto, se entiende luego de efectuada la Totalización prescrita en la ley. Texto disponible en: https://x.com/Nicolas Maduro/status/1820897453551304800,

Así, el presidente del CNE incumplió con la Ley Orgánica de Procesos Electorales y su Reglamento, pues antes de la proclamación debía esperar la emisión del Boletín Final de Totalización que refleja los resultados electorales definitivos. No se podía adjudicar la victoria a ningún candidato sin haber escrutado la totalidad de las actas emitidas por las Mesas Electorales.

Mucho menos, el presidente del CNE podía a solas emitir un Acta de Totalización, Adjudicación y Proclamación, sin estar acompañado del resto de los rectores principales del órgano comicial y los demás testigos de los candidatos.

En consecuencia, dicha proclamación no se ajustó a la legislación electoral por haber sido realizada por una autoridad que se extralimitó en sus competencias e invadió las del órgano comicial, que es un cuerpo colegiado, y cuyos efectos devienen nulos. Debe el CNE apegarse a la ley, llevando a cabo la totalización de los votos y la adjudicación del cargo a elegir de conformidad con las actas de escrutinio emitidas por las mesas electorales; y sólo entonces proceder a la proclamación y acreditación del ganador. Todo ello debe hacerse mediante el sistema automatizado de totalización del mismo CNE, y con las actas que ya tienen en sus manos tanto el propio CNE como los representantes de los candidatos competidores."[32]

Como también lo observó el profesor José Ignacio Hernández:

"la proclamación anunciada por el CNE no se basó en actas electorales transparentes, públicas y participativas, de acuerdo con lo dispuesto en la LOPRE y su Reglamento.

---

[32] Véase el texto del pronunciamiento de la Facultad, que está disponible en: https://opinionynoticias.com/noticiasnacionalesyglobales/41635-sin-totalizacion-verificada-no-puede-haber-proclamacion- .

Así, no hay constancia del procedimiento de totalización de las actas de escrutinio, pues el CNE violó el cronograma electoral al no divulgar resultados electrónicamente y también violó las normas sobre verificación ciudadana. Tampoco hay constancia de que se emitió el acta de totalización con las formalidades de publicidad exigidas en la Ley, y que, además, requieren la participación de testigos electorales, como dispone el artículo 338 del Reglamento Electoral."[33]

Y es que efectivamente, la proclamación de un candidato como candidato electo en una elección presidencial por parte de la autoridad electoral, sin que hubiese habido totalización de los votos expresados en las Actas de Escrutinio, con la participación de los testigos electorales, y con los mecanismos de verificación ciudadana, viola la legislación electoral, es inválida y no puede ser reconocida.

Para entender cabalmente esta afirmación a continuación explicamos el marco legal dentro del cual se desarrolló el proceso electoral de 2024 para la elección presidencial, conforme a lo establecido en la Constitución y en Ley Orgánica de los Procesos Electorales de 2009 y su Reglamento General de 2013.[34]

---

[33] Véase José Ignacio Hernández, "La Sala Electoral verificó los resultados de las presidenciales ¿Y ahora qué? Sin respaldo en actas electorales transparentes, públicas y verificables, la proclamación no surte efecto jurídico alguno»," en *La Gran Aldea*, 26 de agosto de 2024. Disponible en: https://lga.lagranaldea.com/2024/08/23/la-sala-electoral-verifico-los-resultados-de-las-presidenciales-y-ahora-que/.

[34] Véase Ley Orgánica de los Procesos Electorales en Gaceta Oficial No. 5928 Extra de 12 de agosto de 2009; Reglamento General de la Ley Orgánica de los Procesos Electorales, Resolución No. 130118-0005 del Consejo Nacional Electoral, de 18 de enero de 2013.

II. BASE CONSTITUCIONAL DEL SISTEMA ELEC-TORAL

La Constitución de 1999, en una forma absolutamente innovativa, configuró en Venezuela un sistema de separación de poderes entre cinco poderes públicos (además de los clásicos Poderes Legislativo, Ejecutivo y Judicial, agregó el Poder Ciudadano y el Poder Electoral (arts. 136 y 292), otorgándole a cada uno sus funciones propias y exclusivas (art. 138), y específicamente al Poder Electoral la competencia *exclusiva* para organizar, administrar dirigir y vigilar todos los actos relativos a la elección de cargos de representación popular de los poderes públicos (at. 293.5). Ningún otro Poder Público del Estado, ni el Poder Ejecutivo, ni el Poder Legislativo, ni el Poder Ciudadano y, por supuesto, ni el Poder Judicial, pueden asumir ninguna de esas funciones, y si lo hacen, ello no sería sino una usurpación de autoridad, y sus actos serían nulos y sin efecto alguno (art. 138).

Por otra parte, conforme a la misma Constitución, a los efectos de asegurar el ejercicio por los ciudadanos de su derecho al sufragio mediante el voto universal, directo y secreto para la elección de sus representantes, (art. 63), en cumplimiento de sus exclusivas funciones, los órganos del Poder Electoral, comenzando por el Consejo Nacional Electoral, se rigen necesariamente por los "principios de independencia orgánica, autonomía funcional y presupuestaria, despartidización de los organismos electorales, imparcialidad y participación ciudadana; descentralización de la administración electoral, transparencia y celeridad del acto de votación y escrutinios" (art. 294), principios todos que han sido violados en el caso de del "anuncio" efectuado por el Presidente del Consejo Nacional Electoral en la madrugada del día 29 de julio de 2024.

III. EL SIGNIFICADO DEL SISTEMA DE VOTACIO-NES EN MESAS ELECTORALES Y DE LAS ACTAS DE ESCRUTINIO COMO EXPRESIÓN DE LA DEMOCRACIA PARTICIPATIVA

Entre esos principios debe destacarse el principio de la participación ciudadana, que se materializó en la Ley Orgánica de los Procesos Electorales, al imponer que el voto de los ciudadanos se haga única y exclusivamente en Mesas Electorales, conformadas, no por funcionarios públicos permanentes, sino por ciudadanos que en cumplimiento del Servicio Electoral Obligatorio (arts. 111 ss.), se seleccionan por sorteo público (art. 97, 98, 99, 17) conforme a los procedimientos establecidos en la Ley Orgánica y el Reglamento General (Artículos 46 Reglamento), y que luego son designados por el Consejo Nacional Electoral (art. 117).

Los integrantes de las Mesas de Votación, conforme al Reglamento General, ejercen sus funciones en las Mesas que son organismos electorales de carácter temporal y de ejercicio transitorio (art. 37). Por ello, al ser parte de los organismos electorales subalternos, los miembros de las Mesas, en cumplimiento de las funciones que le asigna la Ley Orgánica, deben ser considerados como funcionarios públicos electorales temporales o transitorios mientras la Mesa Electoral esté en funcionamiento y, en todo caso, respecto de todos los actos que realicen, como es el acto de escrutinio, cuyo resultado es autenticado en Acta respectiva con la firma de los mismos, en forma digital.

En esta forma, las Mesas Electorales o Mesas de Votación, así conformadas por ciudadanos en ejercicio de su derecho y de su deber de participación, son los organismos electorales subalternos "en los cuales los electores ejercen su derecho al sufragio" (art. 107), exclusivamente, no pudiendo realizarse el voto en ninguna otra parte. Dichas Mesas están conformadas por un Presidente, un Secretario y Miembros principales (art.

117), pudiendo las organizaciones con fines políticos, los grupos de electoras, los candidatos y las comunidades u organizaciones indígenas acreditar testigos (art. 157). Incluso, los testigos acreditados pueden ser incorporados a la Mesa, al momento de su constitución, como miembros accidentales de las mismas en los casos previstos en la ley (art. 119.4).

Se destaca, por ello, que una pieza esencial de la participación ciudadana en el desarrollo del proceso electoral, y en particular de la auditoria electoral consistente en la verificación ciudadana, es este derecho de las organizaciones con fines políticos, los grupos de electoras y los candidatos de acreditar testigos ante los organismos electorales subalternos, comenzando por las Mesas Electorales, y en las auditorías de un proceso electoral y de sus etapas (art. 157); quienes no pueden ser coartados en el cumplimiento de sus funciones por los miembros de los organismos electorales subalternos correspondientes, y tienen derecho a presenciar el acto electoral que se trate y a exigir que se incorpore al acta correspondiente sus observaciones de aquellos hechos o irregularidades que observen (art. 158).

En esta forma, se insiste, en el sistema establecido en Venezuela, el acto de votación donde los electores / ciudadanos ejercen su derecho al sufragio para elegir sus representantes, se hace exclusivamente en las Mesas de Votación en las cuales hayan sido asignados, integradas, como antes se ha señalado, por ciudadanos en ejercicio de su derecho a la participación ciudadana en los asuntos públicos. Debe decirse que, en el proceso de conformación de las Mesas Electorales, el Consejo Nacional Electoral realiza una monumental labor de organización y de formación de recursos humanos, que es lo que puede permitir que para el momento de la elección se puedan instalar las Mesas Electorales, lo cual, por ejemplo, en la elección de 28 de julio de 2024, implicó la instalación de más de treinta mil (30.000) Mesas Electorales.

Y es en tal carácter como ciudadanos cumpliendo funciones electorales temporales, que conforme a los artículos 159 y 162 de la Ley Orgánica, como una de las fases del proceso de auditoría electoral, debe realizarse la "verificación ciudadana del cierre de la votación, [...] mediante la revisión de los comprobantes de votación con relación a los datos contenidos exclusivamente en el acta del acto de votación elaborada por los miembros de mesa." Esta verificación, dispone el artículo 439 del Reglamento General, se debe llevar a cabo en un número de mesas que debe determinar el Consejo Nacional Electoral, mediante sorteo, en caso de utilizarse el sistema automatizado de votación.

En todo caso, una vez que finaliza el acto de votación (art. 162), en cada Mesa de Votación se debe proceder al escrutinio de los votos emitidos, definiéndose el escrutinio en la Ley como "el proceso mediante el cual se contabilizan y emiten los resultados de la Mesa Electoral de manera ágil, efectiva y transparente" (art. 138). Conforme a ello, de acuerdo con el Reglamento General, los integrantes de la Mesa deben proceder "a colocar en el Acta de Escrutinio el número de electoras y electores que votaron según el cuaderno de votación" (338. Único); es decir, a reflejar en el Acta el número de votantes que ejercieron su derecho.

Para tal efecto, dicho acto de escrutinio, que es esencial-mente público (art. 140), se debe efectuar "una vez que finalice el acto de votación" (art. 162), correspondiendo al Presidente de la Mesa Electoral hacer el anuncio "en voz alta" del inicio del mismo (art. 139). En dicho acto, tratándose de un acto esencialmente público, los "miembros de la Mesa Electoral permitirán la presencia en el local de los electores o las electoras y testigos electorales, sin más limitaciones que las derivadas de la capacidad física del local y de la seguridad del acto electoral" (art. 140).

Conforme a la Ley Orgánica, el acto de escrutinio es necesariamente automatizado, en el sentido de que la máquina de votación es la que lo hace automáticamente, y solo "excepcionalmente" podría ser manual, cuando así lo determine el Consejo Nacional Electoral. (art. 141).

El acto de escrutinio es, así, el acto inicial más importante de todo el proceso de elección después de la votación de los electores, quedando acreditado en un Acta de Escrutinio que emite la máquina de votación cuando se trata de votaciones automatizadas. Conforme al artículo 142 de la Ley Orgánica, para asegurar la "Transparencia del Acta de Escrutinio," éstas deben "ser legibles" y "contener la totalidad de la información" que emite la máquina de votación:

(i) Ubicación de la Mesa, (ii) Número de Electores, (iii) Número de Votantes (en la Máquina de Votación y en el Cuaderno de Votantes), (iv) Votos emitidos a favor de cada candidato, discriminados por partidos o grupos de electores, (v) Resumen de los votos.

Conforme a la misma norma del artículo 142 de la Ley Orgánica, el Acta de Escrutinio con toda esa información, debe llevar la firma de los miembros, el Secretario y "los testigos electorales presentes," agregando el Reglamento General, también, la firma de "la Operadora u Operador del Sistema Integrado" (art. 340). Esto significa que cuando se emite cada una de las Acta de Escrutinio, debe estar firmada por al menos seis (6) personas: el Presidente, el Secretario y un Miembro de la Mesa Electoral, dos Testigos y por el Operador del Sistema Integrado. Todas esas firmas son plasmadas digitalmente en la máquina de votación, antes de que se emitan las copias físicas de las Actas.

Conforme al artículo 143 de la Ley Orgánica, todas esas personas "están obligados a firmar el Acta de Escrutinio," que es lo que le da autenticidad, pudiendo en caso de inconformidad con su contenido, hacerlo constar en la casilla de observaciones del Acta. En todo caso, si algún miembro o testigo se negase a firmar el acta o no estuviese presente al momento de ser levantada el acta, "los demás miembros de la Mesa Electoral y testigos electorales presentes dejarán constancia de ello, y el acta se tendrá como válida."

La Ley Orgánica en su artículo 143 agrega sobre "la distribución de las actas emitidas en el escrutinio" que ello debe hacerse de conformidad con lo previsto en el Reglamento dictado por el Consejo Nacional Electoral," a cuyo efecto, el artículo 337 del Reglamento General, en el caso de la elección presidencial, dispone, en síntesis, lo siguientes:

En primer lugar, que "el primer ejemplar impreso del Acta de Escrutinio automatizada [en] el caso de la elección de Presidente de la República que será remitida al Consejo Nacional Electoral."

Y, en segundo lugar, que "el resto de los ejemplares impresos se debe distribuir así: (i) a la Oficina Regional Electoral correspondiente, (ii) al Presidente de la Mesa Electoral, (iii) al Secretario de la Mesa Electoral; (iv) a los testigos de los postulantes o sus alianzas que hayan obtenido las tres primeras votaciones en la Mesa Electoral respectiva por tipo de elección; y (v) a los otros miembros de la Mesa Electoral y demás testigos presentes, siempre que no se hayan agotado las copias, agregando que "ninguno de los presentes podrá recibir más de un ejemplar o copia de Acta de Escrutinio." Esto significa que en cada Mesa se emite un mínimo de siete (7) copias, y que, por ejemplo, para el caso de la elección de 28 de julio de 2024, en la que se instalaron más de treinta mil (30.000) Mesas, se imprimieron al menos 240.000 copias de las Actas de Escrutinio; quedando en poder de las personas u órganos antes mencionados.

Desde el punto de vista del procedimiento administrativo, esas Actas de Escrutinio tienen el carácter de ser, ante todo, actos administrativos definitivos que ponen fin a la votación en Mesa, conteniendo la información referida a la ubicación de la Mesa, al número de electores de la misma, al número de votantes que concurrieron, y a los votos emitidos a favor de cada candidato. Pero además, tienen el carácter de actos de trámite respecto de la elección definitiva de algún candidato, pues en conjunto se integran para que pueda realizarse el acto de totalización final, adjudicación y proclamación del candidato electo. Precisamente para ello, conforme al Reglamento General de la Ley Orgánica, en cuanto a las Actas de Escrutinio Automatizadas, la transmisión de los resultados de las mismas se efectúa desde las Mesas Electorales hacia el Centro Nacional de Totalización (art. 352).

Además del Acta de Escrutinio, la Ley Orgánica regula en su artículo 135, el Acta de cierre que debe elaborarse una vez "concluido el acto de votación" en la cual se indicará el número de electores que votaron según el cuaderno de votación.

En cuanto a la verificación ciudadana del cierre de la votación, la misma se debe efectuar mediante la revisión de los comprobantes de votación con relación a los datos contenidos exclusivamente en el acta del acto de votación elaborada por los miembros de mesa, lo que debe realizarse en el acto de escrutinio que debe efectuarse una vez que finalice el acto de votación, previo anuncio en voz alta por el Presidente de la Mesa Electoral (art. 162). El artículo 163 de la Ley remite al Reglamento que el Consejo Nacional Electoral establece para cada proceso electoral, el establecimiento de todos los aspectos o elementos que deben desarrollarse en la verificación ciudadana, así como las etapas que serán objeto de la misma.

Tanto las Actas de Escrutinio y de Cierre emitidas por las Mesas de Votación, con todas las formalidades y firmas antes indicadas por las personas señaladas en la Ley Orgánica, constituyen documentos públicos, auténticos, que hacen fe pública del hecho de la votación y de los escrutinios. Es decir, conforme a los artículos 1.357 y 1359 y 1350 del Código Civil, las Actas de Escrutinio al ser "autorizadas" con las "solemnedades legales" establecidas en la Ley por los miembros de las Mesas y demás personas que tienen "facultad para darle fe pública," en el lugar donde el acta se haya autorizado, "hace plena fe" "mientras no sea declarada falso" "de los hechos jurídicos que el funcionario público declara haber efectuado, si tenía facultad para efectuarlos", es decir, del acto de votación y del escrutinio los votos en la Mesa de Votación.

A tal efecto, independientemente del procedimiento de tacha de documentos en juicio que regula el Código de Procedimiento Civil (arts. 438 ss.), la Ley Orgánica de los Procesos Electorales establece (art. 219) los supuestos en los cuales se puede declarar, mediante un proceso contencioso electoral, la nulidad de las Actas de Escrutinio en los siguientes casos: (i) Cuando en dicha acta, existan diferencias entre el número de votantes según conste en el Cuaderno de Votación, el número de boletas consignadas y el número de votos asignados en las actas, incluyendo válidos y nulos, o entre las informaciones contenidas en el Acta de Cierre de proceso y el Acta de Escrutinios; (ii) Cuando en dicha acta el número de votantes según conste en el Cuaderno de Votación, el número de boletas consignadas o el número de votos asignados en las actas, incluyendo válidos y nulos, sea mayor al número de electores y electoras de la Mesa Electoral, con derecho a votar en la elección correspondiente; (iii) Cuando dicha acta no esté firmada, por lo menos, por tres miembros de la Mesa Electoral; y (iv) Cuando se haya declarado la nulidad del acto de votación.[35]

---

[35] Respecto del último supuesto de nulidad del Acta de Escrutinio, conforme al artículo 217 de la Ley Orgánica, las votaciones de una Mesa Electoral son nulas en los siguientes casos: 1. Por estar constituida ilegalmente la Mesa Electoral. La constitución ilegal de una Mesa Electoral puede ser inicial, cuando no se haya constituido en acatamiento a los requisitos exigidos por la Ley, o sobrevenida, cuando en el transcurso del proceso de votación se hayan dejado de cumplir dichas exigencias. 2. Por haberse realizado la votación en día distinto al señalado por el Consejo Nacional Electoral o en local diferente al

Se observa, en todo caso, con respecto a los primeros tres supuestos de nulidad, que ellos en realidad, solo podrían darse cuando las Actas de Escrutinio se emiten manualmente; sin embargo, siendo las Actas de Escrutinio emitidas en un proceso totalmente automatizado, en principio la misma no podría completarse e imprimirse físicamente, en forma automática, con alguno de los errores indicados en esos supuestos.

IV. LA TOTALIZACIÓN DE LOS VOTOS PARA LA ELECCIÓN DE PRESIDENTE COMO COMPETENCIA EXCLUSIVA DEL PODER ELECTORAL Y EXCLUSIVAMENTE CON BASE EN LAS ACTAS DE ESCRUTINIO DE LAS MESAS ELECTORALES EMITIDAS EL DÍA DE LA VOTACIÓN

Como hemos indicado, una vez elaborada el Acta de Escrutinio, conforme se indica en el artículo 337 del Reglamento General de la Ley Orgánica, "el primer ejemplar impreso del Acta de Escrutinio automatizada [en] el caso de la elección de Presidente de la República será remitida al Consejo Nacional Electoral." Además, tratándose de Actas de Escrutinio Automatizadas, la transmisión de los resultados de las Actas de Escrutinio Automatizadas se efectúa desde las Mesas Electorales hacia el Centro Nacional de Totalización del Consejo Nacional Electoral, donde deben ser archivadas (art. 352).

---

determinado por la respectiva autoridad electoral. 3. Por violencia ejercida sobre cualquier miembro de la Mesa Electoral durante el curso de la votación o la realización del escrutinio a consecuencia de lo cual puede haberse alterado el resultado de la votación. 4. Por haber realizado alguna o algún miembro, Secretaria o Secretario de una Mesa Electoral, actos que le hubiesen impedido a los electores o las electoras el ejercicio del sufragio con las garantías establecidas en esta Ley. 5. Por ejecución de actos de coacción contra los electores y las electoras de tal manera que los o las hubiesen obligado a abstenerse de votar o sufragar en contra de su voluntad.

Incluso prevé el Reglamento General, que "los resultados de las Actas de Escrutinio Automatizadas de Centros de Votación que no tengan posibilidad alguna de transmisión serán totalizados a través de la transmisión desde la memoria removible en los centros establecidos por el Consejo Nacional Electoral y publicados en el Portal Oficial de Internet del Consejo Nacional Electoral" (art. 353).

El cuanto a la elección del Presidente de la República, conforme al artículo 374 del Reglamento General, corresponde exclusivamente al Consejo Nacional Electoral realizar "el Acto de Totalización, Adjudicación, Proclamación y extensión de credenciales, con base en las Actas de Escrutinio."

Como lo ha reiterado la Academia de Ciencias Políticas y Sociales:

"El Consejo Nacional Electoral (CNE), como órgano rector del Poder Electoral, tiene la responsabilidad de organizar, dirigir y supervisar las elecciones para cargos de elección popular, incluyendo la presidencia de la Republica" siendo de su "competencia exclusiva y su deber, totalizar íntegramente las actas de escrutinio y publicar las actas que recibió la Junta de Totalización desde el 28 de julio, día de la elección, en el plazo establecido en la ley. Estas actas conforman el soporte probatorio de la elección del presidente de la República."[36]

Es decir, es una operación que solo y únicamente puede realizar el Consejo Nacional Electoral "con base en las Actas de Escrutinio," entendiendo por totalizar en dicho Reglamento General, "el acto de la sumatoria de los resultados contenidos

---

[36] Véase "Pronunciamiento con relación al tratamiento conferido a los procedimientos de totalización y proclamación efectuados por el Consejo Nacional Electoral," Caracas 6 de agosto de 2024. Disponible en: https://www.acienpol.org.ve/pronunciamientos/pronunciamiento-con-relacion-al-tratamiento-conferido-a-los-procedimientos-de-totalizacion-y-proclamacion-efectuados-por-el-consejo-nacional-electoral/

en los actos automatizados generados en las Mesas de Votación en los procesos electorales de su jurisdicción por tipo de elección" (Art. 372).

Dicho acto de totalización, conforme al artículo 144 de la Ley Orgánica, debe ser "automatizado," de manera que "el sistema debe procesar todas las Actas de Escrutinio." Ello se reitera en el Reglamento General, al indicar que el Acto de Totalización:

"es automatizado, y comprende la sumatoria de los resultados contenidos en todas las Actas de Escrutinio de las Mesas Electorales, por tipo de elección. La totalización de las Actas de Escrutinio se efectúa mediante el Sistema Automatizado de Totalización, aprobado por el Consejo Nacional Electoral" (art. 373).

El artículo 146 de la Ley Orgánica, en todo caso, establece una obligación general de orden temporal para todos los órganos electorales en la realización del proceso de totalización, en el sentido de que debe realizarse "en el lapso de cuarenta y ocho horas," debiendo "incluir los resultados de todas las Actas de Escrutinio de la circunscripción respectiva."[37]

---

[37] Sobre este lapso, José Ignacio Hernández indica: "El lapso de totalización es de cuarenta y ocho horas, terminada la votación (Art. 146). Esto quiere decir que ese lapso máximo para emitir el acta final de totalización, y que determina automáticamente la adjudicación del candidato que obtuvo la mayoría de los votos. En ese lapso deben emitirse y difundirse los resultados que apoyan la totalización. […] El lapso legal de cuarenta y ocho horas de totalizar venció a las 6 de la tarde del 30 de julio de 2024, sin que el CNE hubiese completado la fase de totalización, que, como tal, requiere de la correspondiente acta o boletín final de totalización. De hecho, a esa hora, el CNE no había publicado ningún resultado electoral, ni los correspondientes al primer boletín ni los correspondientes al boletín final. No hay publicidad de ningún dato electoral, a pesar de lo cual, el lapso de totalizar todos esos datos venció. Esto quiere decir que el CNE incumplió el deber de

Conforme al artículo 376 del Reglamento General, el Consejo Nacional Electoral puede "designar una Comisión de Totalización cuando así lo requiera, para llevar a cabo los actos de totalización, adjudicación y proclamación, que correspondan a su ámbito de actuación."

Todos los Actos de Totalización (como los de Adjudicación y Proclamación) que se realicen, conforme al artículo 380 del Reglamento General, pueden ser presenciados por los testigos de los candidatos, por las organizaciones con fines políticos, grupo de electoras y electores, comunidades u organizaciones indígenas, y candidatos por iniciativa propia, debidamente acreditados, "sin mas limitaciones que las derivadas del espacio físico" donde funcionen los órganos encargados de la totalización (art. 380).

Terminada la Totalización de las Actas de Escrutinio de las Mesas Electorales en ese lapso breve, conforme al Reglamento General, se debe proceder a imprimir el Boletín Final de Totalización y el Acta de Totalización, Adjudicación y Proclamación y las Hojas Complementarias de Totalización (art. 385).

En cuanto al Boletín Final de Totalización el Reglamento General dispone que debe ser "emitido por el Sistema Automatizado de Totalización," en el cual se debe reflejar "los resultados electorales finales para la Totalización, Adjudicación y Proclamación" (art. 381); debiendo, el Sistema Automatizado de Totalización, emitir "una Hoja Complementaria de Totalización contentiva de una relación en forma tabulada de

---

totalizar las actas de escrutinio, a pesar de lo cual, se extendió a Nicolás Maduro una supuesta credencial como presidente electo." Véase en" El vacío constitucional por el vencimiento del plazo de totalización en las elecciones presidenciales venezolana Una guía legal rápida," 30 de julio de 2024, disponible en: https://www.joseignaciohernandezg. com/2024/el-vacio-constitucional-por-el-vencimiento-del-plazo-de-to talizacion-en-las-elecciones-presidencialesvenezolanas/.

los datos registrados en cada una de las Actas de Escrutinio, tanto para cargos ejecutivos como a cuerpos deliberantes por las modalidades nominal y lista" (art. 382).

Además de la emisión del Boletín, dispone la Ley Orgánica que los organismos electorales deben levantar "un Acta en la forma y con las copias que determine el Reglamento, en la cual se dejará constancia de los totales correspondientes a cada uno de los datos registrados en las actas de escrutinio, así como dichos datos, acta por acta, tal como fueron incluidos en la totalización, presentados en forma tabulada" (art. 150, Ley Orgánica).

Dicha Acta de Totalización, Adjudicación y Proclamación para cargos ejecutivos, como es el caso de Presidente de la República, y como lo exige el Reglamento General, deberá contener:

"1. Total, de electoras o electores inscritas e inscritos en el Registro Electoral de la circunscripción respectiva. 2. Total de votantes. 3. Total de Actas escrutadas. 4. Total de Actas faltantes. 5. Total de votos escrutados. 6. Total de votos válidos. 7. Total de votos nulos. 8. Total de votos de las candidatas y candidatos, por organización con fines políticos, grupo de electoras y electores, y por alianza, así como también por iniciativa propia. 9. Abstención" (art. 383).

Como lo indica el artículo 385 del Reglamento General, tanto el Acta de Totalización, Adjudicación y Proclamación, como el Boletín Final de Totalización y las Hojas Complementarias de Totalización deben ser firmados por todos los Rectores del Consejo Nacional Electoral para la elección del Presidenta de la República; y de dichos documentos, el Consejo Nacional Electoral debe emitir copias certificadas, las cuales deben ser entregadas "a los testigos interesados que así lo soliciten" (art. 386), y que deben haber presenciado y participado en dichos actos.

V. LA ADJUDICACIÓN Y PROCLAMACIÓN DEL CARGO

Conforme al artículo 151 de la Ley Orgánica, en los casos de elección presidencial, concluida la totalización, el Consejo Nacional Electoral, como cuerpo colegiado, debe proceder a la adjudicación del cargo, entendiendo por adjudicar, el Reglamento General, "el acto de conversión de los votos de las electoras y electores con base en el sistema electoral previsto en la Ley Orgánica de Procesos Electorales" (que en caso de la elección presidencial es por mayoría relativa), "con base en los resultados registrados en las Actas de Escrutinio provenientes de las Mesas Electorales" y, en todo caso, "aplicando las disposiciones contenidas en la Constitución de la República Bolivariana de Venezuela, la Ley, el presente Reglamento y demás normas aplicables" (arts. 387, 388).

Ese es el régimen legal preciso y claro, y la adjudicación no puede hacerse en ninguna otra forma.

Una vez que se ha terminado la adjudicación, el artículo 152 de la Ley Orgánica dispone que los organismos electorales deben levantar "un acta en la forma y con las copias que determine el Reglamento, en la cual se dejará constancia de los cálculos utilizados para la adjudicación de cargos."

Con base en dicha Acta de Adjudicación, conforme al artículo 153 de la Ley Orgánica, el Consejo Nacional Electoral, en el caso de la elección presidencial, debe proceder a proclamar al candidato que hubiese resultado electo "de conformidad con el procedimiento de totalización y adjudicación, emitiéndoles las credenciales correspondientes." Por ello, José Ignacio Hernández afirma, con razón, que: "No puede haber proclamación del cargo de presidente, si no hay totalización de las actas de escrutinio, como dispone el artículo

153 de la Ley;"[38] y Laura Louza explica que "primero se debe totalizar, luego se adjudica y por último se proclama. No se puede proclamar si no se ha totalizado."[39]

En el Reglamento General, incluso se define el acto de "proclamar," como el "acto a través del cual se otorga la credencial por tipo de elección a las candidatas o candidatos que obtuvieron las mayores votaciones o cocientes, que los acrediten como electas o electos" (art. 391); lo que solo puede realizarse, como lo indica el Reglamento General:

> "con base en los resultados registrados en las Actas de Escrutinio provenientes de las Mesas Electorales de su circunscripción, aplicando las disposiciones contenidas en la Constitución de la República Bolivariana de Venezuela y demás leyes" (art. 392).

Una vez efectuada la proclamación, el Consejo Nacional Electoral, debe extender la credencial al candidato que fuere adjudicado "conforme a lo dispuesto en la Ley, el presente Reglamento y demás norma aplicable" (art. 393).

De acuerdo con el artículo 155 de la Ley Orgánica y con el artículo 395 del Reglamento General, el Consejo Nacional Electoral debe ordenar "la publicación de los resultados de los procesos electorales en la Gaceta Electoral de la República Bolivariana de Venezuela, dentro de los treinta días siguientes

---

[38]   Véase José Ignacio Hernández," El vacío constitucional por el vencimiento del plazo de totalización en las elecciones presidenciales venezolana Una guía legal rápida," 30 de julio de 2024, disponible en: https://www.joseignaciohernandezg.com/2024/el-vacio-constitucional-por-el-vencimiento-del-plazo-de-totalizacion-en-las-elecciones-presidencialesvenezolanas/.

[39]   Véase lo indicado por Laura Louza en "Te explicamos de qué trata el recurso de amparo que Maduro introdujo ante el TSJ," en *NTA. Noticias Todos Ahora*, 31 de julio de 2024, disponible en: https://www.todosahora.com/noticias-de-venezuela/te-explicamos-de-que-trata-el-recurso-de-amparo-que-maduro-introdujo-ante-el-tsj/.

a la proclamación de los candidatos electos y las candidatas electas."

VI. LAS AUDITORIAS ELECTORALES

La Ley Orgánica de los Procesos Electorales, en aras de asegurar la transparencia y verificación de las elecciones, establece todo un conjunto de auditorías, que se definen en la propia Ley como "la verificación de todos aquellos recursos materiales, tecnológicos y datos utilizados en la ejecución de las distintas fases del proceso electoral, para que éstos garanticen la transparencia y confiabilidad de dicho proceso," las cuales pueden aplicarse al conjunto o algunas de las fases del proceso electoral (art. 156). En este proceso de auditoría, como se ha dicho, los testigos electorales constituyen una pieza fundamental como expresión también de participación ciudadana (arts. 157 y 158).

Ahora bien, la Ley Orgánica distingue dos fases en el proceso de auditoría en materia electoral: la auditoria electoral y la verificación (art. 159)

En cuanto a la auditoría electoral, la misma debe garantizar la auditabilidad del sistema electoral automatizado y debe comprender la certificación de los procesos del sistema electoral automatizado en cada una de sus fases (Art. 160). Con ella se busca la certificación de la legalidad y confiabilidad del proceso del sistema electoral automatizado (art. 161).

En cuanto a la verificación ciudadana del cierre de la votación, como antes se ha dicho, la misma se debe efectuar mediante la revisión de los comprobantes de votación con relación a los datos contenidos exclusivamente en el acta del acto de votación elaborada por los miembros de mesa; verificación que tiene lugar en el acto de escrutinio que se efectúa al finalizar el acto de votación (art. 162). El artículo 163 de la Ley remite al Reglamento que el Consejo Nacional Electoral establece para cada proceso electoral, el establecimiento de todos los aspectos o elementos que deben desarrollarse en la verificación ciudadana, así como las etapas que serán objeto de la misma.

VI. LA OBLIGACIÓN EXCLUSIVA DEL CONSEJO NACIONAL ELECTORAL DE TOTALIZAR LOS VOTOS EMITIDOS EN UNA ELECCIÓN, CON BASE EN LA INFORMACIÓN DE LAS ACTAS DE ESCRUTINIO DE LAS MESAS DE VOTACIÓN

Con base en todo lo que antes se ha explicado, en todos los procesos electorales que regula la Ley Orgánica de los Procesos Electorales, sean nacionales o regionales, el Consejo Nacional Electoral o la respectiva Junta Electoral Regional o Municipal tienen la obligación exclusiva de realizar la totalización de las votaciones conforme a la información contenida en las Actas de Escrutinio emitidas por las mesas de Votación, y solo al tener la totalización completa, es que pueden adjudicar cargos y proclamar a los elegidos. De hecho, la Sala Electoral ha declarado nula la adjudicación y proclamación de un candidato electo, sin que se hubiera efectuado la totalización previa de los votos, ordenando al órgano respectivo la realización de dicha totalización.

Así, por ejemplo, en sentencia No. 89 de 14 de julio de 2005 (al interpretar los artículos 177 y 178 de la Ley Orgánica del Sufragio y Participación Política, equivalentes a los artículos 146 y 150 de la Ley Orgánica de Procesos Electorales, referidos al lapso de la totalización y a los datos de las actas de escrutinio), Expediente N° AA70-E-2005-000010, la Sala estableció el "deber del Consejo Nacional Electoral de computar e incluir de forma pormenorizada en el Acta de Totalización, Adjudicación y Proclamación, los resultados contenidos en la totalidad de las Actas de Escrutinio de la Circunscripción Electoral respectiva, lo que configura un requisito formal del acto administrativo. El incumplimiento de dicho deber acarrea la nulidad del acto."

El caso se refirió a la impugnación del Acta de Totalización, Adjudicación y Proclamación elaborada por el ente electoral competente del Estado Yaracuy, sin tomar en cuenta el cien por ciento (100%) de las Actas de Escrutinio correspondientes a la Circunscripción Electoral de dicho Estado, expresando la sala lo siguiente:

"… el artículo 177 de la Ley Orgánica del Sufragio y Participación Política establece lo siguiente:

"Artículo 177. Las Juntas Regionales Electorales y las Juntas Municipales Electorales tendrán la obligación de realizar el proceso de totalización dentro del lapso establecido en esta Ley, con total apego a los procedimientos, instructivos, sistemas y equipos que el Consejo Nacional Electoral establezca para tales fines.

La Totalización deberá incluir los resultados de todas las Actas de Escrutinio de la circunscripción respectiva.

En los casos en que no se reciba la totalidad de las actas, el órgano electoral que realiza la totalización, deberá extremar las diligencias a fin de obtener la copia de respaldo ante el Consejo Nacional Electoral o Junta Regional Electoral según cada elección o a través de la Mesa correspondiente. De no ser posible se aceptarán dos (2) de las copias de los testigos de los partidos, siempre que éstos no estén en alianza para la entidad." (Resaltado de la Sala) Aunado a ello, el artículo 178 de la misma norma dispone que la administración electoral debe dejar constancia "de los totales correspondientes a cada uno de los datos registrados en las Actas de Escrutinio, así como dichos datos, acta por acta, tal como fueron incluidos en la totalización, presentados en forma tabulada". Por otra parte, el artículo 10 de las Normas para la Totalización, Adjudicación y Proclamación en las Elecciones Regionales 2004, establece que "La totalización comprenderá la sumatoria de los votos registrados en todas las Actas de Escrutinio, teniendo como base los votos transmitidos correspondientes a las Actas de Escrutinio automatizadas y los votos emitidos registrados en las Actas de Escrutinio manuales, y aquellas Actas de Escrutinio automatizadas no transmitidas por la máquina de votación."

Advierte esta Sala, que de las normas antes transcritas se infiere el deber del Consejo Nacional Electoral de computar e incluir de forma pormenorizada en el Acta de Totalización, Adjudicación y Proclamación, los resultados contenidos en la totalidad de las Actas de Escrutinio de la Circunscripción Electoral respectiva, lo que configura un requisito formal del acto administrativo, destinado a que el mismo produzca efectos.

Tiene, por tanto, la administración electoral, el *deber de presentar una relación "…tabulada…" de cada una de las Actas de Escrutinio que fueron incluidas en la respectiva Totalización,* a los fines de que el acto electoral cumpla con el presupuesto fáctico que permita determinar la proclamación de un candidato. Siendo así, el órgano electoral tendría la posibilidad de subsanar las posibles irregularidades que pudiera presentar el Acta de Totalización y permitir a los interesados ejercer las defensas y alegaciones que considere procedentes.

Así las cosas, debe esta Sala precisar que tales *requisitos constituyen elementos esenciales para la validez del acto*, los cuales permiten el ejercicio del derecho a la defensa de los particulares, en vista de que expresan las razones de hecho y de derecho en que se basa la autoridad administrativa para dictar el acto e igualmente permite a los órganos jurisdiccionales ejercer el control de los presupuestos que fueron utilizados como fundamento.

Pues bien, en el presente caso se observa que la Junta Electoral Regional del Estado Yaracuy, y el Consejo

Nacional Electoral, no cumplieron con la obligación que les imponen las normas antes aludidas. (…)

Por vía de consecuencia, esta Sala declara la nulidad del Acta de Totalización, Adjudicación y Proclamación dictada por la Junta Regional Electoral del Estado Yaracuy, en fecha 4 de noviembre de 2004, mediante la cual proclamó como Diputado electo por la Circunscripción Electoral número 4, del estado Yaracuy, al ciudadano José Ángel Gutiérrez. Igualmente, se ordena al *Consejo Nacional Electoral que efectúe una nueva totalización bajo los términos esbozados en el presente fallo,* esto quiere decir, con el cumplimiento de todos los requisitos contenidos en la normativa electoral, la inclusión y señalamiento pormenorizado de la totalidad de las Actas de Escrutinio correspondientes a la referida Circunscripción Electoral, incluyendo la Actas denunciadas por el recurrente como faltantes, así como los datos numéricos que sirvieron de soporte al órgano electoral en la fase de totalización."[40]

Posteriormente, la misma Sala Electoral del Tribunal Supremo de Justicia mediante sentencia No. 130 de fecha 16 de octubre de 2013 (Exp. N° AA70-E-2012-000094), destacó la competencia exclusiva de los órganos electorales para la realización de los actos electorales, insistiendo en la "la *inconveniencia de sustituirse un órgano jurisdiccional en las atribuciones que le corresponden a un órgano electoral.".*

En efecto, en el caso de un proceso electoral desarrollado en una Caja de Ahorros (Fundacomún), respecto del cual, la Sala Electoral ya había resuelto y ordenado mediante sentencia que la Comisión Electoral de la entidad debía realizar "la totalización de resultados, adjudicación de cargos y proclamación de los vencedores de la contienda electoral," ante una nueva petición del recurrente por la renuncia de los

---

[40] Sentencia disponible en: http://historico.tsj.gob.ve/decisiones/selec/julio/89-140705-000010.HTM

miembros de la Comisión que impedía ejecutar el fallo, de que la Sala Electoral se sustituyera en la Comisión Electoral respectiva, realizara la totalización de los votos, y levantara directamente "el Acta de Totalización de Escrutinios Definitiva y en consecuencia a la proclamación, juramentación y toma de posesión de los legítimos vencedores, según sentencia previamente referida," la Sala resolvió con toda precisión, que como dichos actos podrían ser impugnados por los interesados:

> "esta Sala Electoral no estima conveniente sustituirse en las atribuciones que le corresponde cumplir a la Comisión Electoral de los Empleados de FUNDACOMUN, pues con ello se limitaría el acceso a la justicia de posibles interesados en efectuar tal impugnación al encontrarse este órgano jurisdiccional imposibilitado de revisar sus propios actos, razón por la cual resulta forzoso desechar la solicitud de sustitución formulada por la apoderada judicial de la parte recurrente. Así se decide."[41]

De esta jurisprudencia resulta, por tanto, claramente establecido el criterio de que, conforme a la Constitución, a la Ley Orgánica de los Procesos Electorales y a la jurisprudencia de la propia Sala Electoral del Tribunal Supremo, los órganos electorales son los únicos órganos competentes para realizar la totalización de votos. Son dichos órganos los que tienen el poder y la obligación exclusiva de realizar la totalización conforme a la información de la totalidad de las Actas de Escrutinio de las mesas de votación, y solo después de efectuada dicha totalización es que pueden proceder a adjudicar cargos y proclamar candidatos electos en los procesos electorales, con

---

[41] Sentencia disponible en: http://historico.tsj.gob.ve/decisiones/selec/ octubre/157514-136-161013-2013-AA70-E-2012-000094.HTML. Véase el comentario sobre esta sentencia en *Transparencia Venezuela*, "El día que la Sala Electoral del TSJ dijo que no podía totalizar los votos de una elección," 15 de agosto de 2024, disponible en https://suprema injusticia.org/el-dia-que-la-sala-electoral-del-tsj-dijo-que-no-podia-tota lizar-los-votos-de-una-eleccion/.

indicación pública precisa de los resultados de las Actas de Escrutinio de las Mesas Electorales, debidamente tabuladas como pieza esencial de las Atas de Totalización, no pudiendo el órgano judicial sustituirse en forma alguna en las competencias exclusivas de los órganos electorales. Por ello, el propio Presidente del Consejo Nacional Electoral, cuando hizo público el primer Boletín de las elecciones presidenciales en la madrugada del día 29 de julio de 2024 comenzó indicando que lo hacía como Poder Electoral…en uso de sus *exclusivas* atribuciones constitucionales y legales."[42]

---

[42] Véase la exposición completa del Presidente del Consejo Nacional Electoral el 29 de julio de 2024, en el video disponible en: https://www.youtube.com/watch?v=pB7g4y4M4s8.

TERCERA PARTE

LA "PROCLAMACIÓN" DEL CANDIDATO MADURO, SIN TOTALIZACIÓN DE VOTOS CONFORME A LAS ACTAS DE ESCRUTINIO DE LAS MESAS DE VOTACIÓN, Y SIN SU PUBLICACIÓN DEBIDAMENTE TABULADA

I. EL ADECUADO FUNCIONAMIENTO INICIAL DEL SISTEMA AUTOMATIZADO DURANTE EL PROCESO ELECTORAL

Como lo observó el Panel de Expertos de la ONU en su Informe Preliminar de 9 de agosto de 2024 sobre la Elección presidencial de Venezuela del 28 de julio de 2024:

> "8. Como reconocieron todos los contendientes, el sistema de votación electrónica estaba bien diseñado y era confiable, y estaba programado para funcionar con importantes procedimientos de auditoría y la difusión de protocolos de resultados (actas) en las mesas de votación.

> El CNE también había implementado un mecanismo robusto para el proceso de transmisión de resultados: la transmisión digital de resultados desde cada máquina de votación al centro principal de tabulación del CNE,

con varios niveles de protección contra conexiones no autorizadas y ciberataques."[43]

Con ese sistema, la información que generan las Actas de Escrutinio de las todas las más de 30 Mil Mesas de Votación que estaban establecidas en el país, como documentos púbicos que son, implicó que las mismas, a las pocas horas de concluida la votación, generaron el conocimiento cierto de lo que había ocurrido en cada una de ellas: primero, por parte de los funcionarios y testigos que estaban en los Centros de Totalización del Consejo Nacional Electoral hacia donde las mismas se transmitieron de inmediato por líneas telefónicas aisladas; y segundo, por parte de los partidos políticos y sus candidatos a través de los Miembros de Mesas, de testigos y representantes, todos con la capacidad de sumar resultados en cuestión de horas.

Y así todo el país, y los Observadores Internacionales pudieron constatar la coherencia que derivaba de la masiva participación electoral que había caracterizado el proceso con la información de las encuestas y los exit-polls, a las pocas horas de concluido el proceso de votación del 28 de julio de 2024.

Pero tal como lo observó el Panel de Expertos de la ONU en su Informe Preliminar de 9 de agosto de 2024 sobre la Elección presidencial de Venezuela del 28 de julio de 2024:

"9. La transmisión electrónica de resultados funcionó bien inicialmente, pero se detuvo bruscamente en las horas posteriores al cierre de las mesas de votación, sin que se proporcionara información o explicación alguna a los candidatos en ese momento, ni al Panel. Al momento de anunciar los resultados, el Presidente del CNE declaró que un ciberataque terrorista había afectado la transmisión y había causado un retraso en el proceso de tabulación. Sin

---

43 Disponible en https://news.un.org/en/sites/news.un.org.en/files/atoms/files/Informe_Preliminar_PdE_Venezuela_090824.pdf.

embargo, el CNE pospuso y posteriormente canceló tres auditorías post electorales clave, incluyendo una sobre el sistema de comunicación que podría haber arrojado luces sobre la ocurrencia de ataques externos contra la infraestructura de transmisión."[44]

II. EL ANUNCIO DE UNA PROCLAMACIÓN SIN TOTALIZACIÓN DE VOTOS CON BASE EN LAS ACTAS DE ESCRUTINIO DEL SR. MADURO, CANDIDATO DEL GOBIERNO, EN CONTRA DE LA LEY

Y así, para sorpresa universal, en las primeras horas de la madrugada del 29 de agosto de 2024, el Presidente del Consejo Nacional Electoral, sin que en dicho cuerpo colegiado se hubiese efectuado totalización alguna de las Actas de Escrutinio conforme a la Ley, las cuales conforme al sistema automatizado ya tenían que haber estado en los sistemas del Consejo, y sin que se hubiese aprobado y emitido Boletín alguno parcial de totalización como lo exige la Ley, por todos los miembros (rectores) del Consejo Nacional Electoral, con sus anexos y tabulador indicativo de toda votación en todas las Mesas totalizadas que respaldarían el Boletín, el Presidente del Consejo Nacional Electoral anunció al país que el resultado de la elección presidencial había sido, supuestamente con base en el 80% de las Actas de Escrutinio que se habrían recibido pero que no fueron totalizadas, ni tabuladas ni publicadas, de 5.150.092 votos para para Nicolás Maduro y de 4.445.978 votos Edmundo González Urrutia, lo que daba un porcentaje de 51.20 % a favor de Nicolás Maduro y de 44.20% para Edmundo

---

[44]   Idem.

González Urrutia, declarando al primero ganador en forma "contundente e irreversible.[45]

Los siguientes son los aspectos más destacados de la exposición del Sr. Amoroso al hacer referencias a las cifras antes mencionadas de votos obtenidos por los candidatos:

Que la información la daba como "Poder Electoral...en uso de sus *exclusivas* atribuciones constitucionales y legales."

Que la información la daba *"luego de solventar* una agresión en contra del sistema de transmisión de datos que retardaron de manera adversa la transmisión de los resultados de las elecciones presidenciales," y luego que el Consejo Nacional Electoral, hubiera recibido el "80% de transmisión" con base en "el *80% de las mesas escrutadas."*

Que "en las próximas horas estarán disponibles en la página web del Consejo Nacional Electoral, los *resultados Mesa por Mesa,* tal como históricamente se ha hecho gracias al sistema automatizado de votación."

---

[45]   Sobre estas cifras, Fernando Mieres, expresó que "Los números del mega fraude hablan por sí solos. El día 30, después de haber tenido acceso a actas rescatadas por el comando electoral opositor, González habría recibido 7.0 86.966votos (67% de la votación nacional) y Maduro 3.206.164 votos (30% de la votación nacional) Para proclamarse vencedor como lo hizo, Maduro debería haber contado en las actas desaparecidas con un porcentaje de más del 80 % de los votos, algo absolutamente imposible. Sin embargo, sin esas actas en la mano, inventó como resultado nada menos que un 51,2% de la votación nacional en contra de un 42,1% adjudicado a González. ¿De dónde salió esa cifra? preguntó, traicionado por un rapto de asombro, el muy izquierdista ministro del exterior brasileño Celso Amorin. Todavía no obtiene respuesta. Parte de la respuesta la dieron los testigos del candidato Enrique Márquez. Esos votos no salieron de la sala de totalización sino de la oficina privada del presidente de la CNE Elvis Amoroso." Véase, Fernando Mieres, "El Mega Fraude," en *Polis: Política y Cultura,* 3 de agosto de 2024, disponible en: ttps://polisfmires. blogs pot.com/2024/08/fernando-mires-el-mega-fraude.html.

Que "igualmente se entregará a las organizaciones con fines políticos los resultados en un CD conforme a la ley."[46]

De ello resulta entonces que, según afirmó el Presidente del Consejo Nacional Electoral al país, en dicho Cuerpo se encontraba la información del 80% de las Actas de Escrutinio de las mesas de Votación, que habían llegado al Cuerpo una vez superado el supuesto *hackeo* de la transmisión de datos, lo que le permitió afirmar que tenía resultados contundentes e irreversibles, y que la información de las Actas de Escrutinio que ya habían llegado y estaban en el sistema del Consejo, sería montada en la página web del Cuerpo como históricamente se ha hecho en el país. Sin embargo, un mes después de estos anuncios, el Consejo no había montado información alguna en su página web de los resultados Mesa por Mesa, ni había entregado CD alguno a los partidos políticos como anunciado.

En todo caso, una testigo de excepción de lo que ocurrió en la madrugada del día 29 de julio fue la asesora para América Latina y el Caribe del Centro Carter, Jennie Lincoln, quien estuvo en Venezuela el día de la votación y en el CNE, en la Misión de Observación Electoral, y quien expresó en entrevista exclusiva difundida el 9 de agosto por CNN Chile, lo siguiente:

"El CNE *tenía toda la información en su sistema*, que es muy bueno. El sistema de voto electrónico en Venezuela es impresionante.

Pero también ese voto electrónico tiene dos comprobantes, dos comprobantes; un comprobante es el acta que va impresa al final de la votación, frente a todos los miembros de mesa y los testigos de todos los partidos políticos. Después de cerrar el voto electrónico a la mesa se imprime un acta principal que va al CNE. Número uno.

---

[46] Véase la exposición completa del Presidente del Consejo Nacional Electoral el 29 de julio de 2024, en el video disponible en: https://www.youtube.com/watch?v=pB7g4y4M4s8.

Número dos: Se imprimen todas las actas necesarias para repartir a todos los testigos presentes. -Además, se entregan a los observadores internacionales. -Eso es información pública que está repartida al momento de cerrar las máquinas y eso significa que bastante, bastante, gente, no solo en el CNE, tiene en las manos la prueba de esos votos de la noche del 28 de julio.

Entonces si bien es cierto que para proclamar la elección es la obligación del CNE informar al pueblo del voto, lo que pasó la noche del 28, entonces, en la madrugada del 29 el presidente Amoroso se acercó a los micrófonos después de una demora de casi 5 horas y proclamó el voto 51 Maduro y 24 González, sin base de nada de estas actas de información de mesa en mesa.

Entonces él a la vez *prometió entregar la información de las actas por medio de su sitio en la web site.*

Además, *prometió en este momento a medianoche entregar informe digital todos los datos a los partidos políticos.* Esto no se hizo no se hizo en a noche del 28 y hasta ahora no se ha hecho."[47]

Por todo ello, sobre este supuesto "Boletín Parcial" emitido por el Presidente del Consejo Nacional Electoral en la madrugada del día 29 de julio, lo que quedaron fueron, como lo expresó Luis Fuenmayor Toro, "preguntas peligrosas," y entre ellas:

---

[47] El video de la entrevista está disponible en: https://www.instagram. com/reel/C_EMRZUxZ1A/?igsh=MXJ2bXJiZmk4NjJmdQ. Véase, además, Héctor Basoalto, "Centro Carter y Venezuela: "El partido de Maduro tuvo desde la noche de la elección todas las actas y no ha dicho nada" CNN Chile, 9 agosto de 2024, disponible en: https://www.cnn chile.com/lodijeronencnn/centro-carter-y-venezuela-el-partido-de-ma duro-tuvo-desde-la-noche-de-la-eleccion-todas-las-actas-y-no-ha-dicho -nada_20240809/#google_vignette.

¿Por qué si el gobierno ganó las elecciones como afirma, no presentó las actas totalizadas de los escrutinios dentro de las 48 horas siguientes a la finalización del proceso, tal y como lo ordena la normativa vigente?

¿Cómo es posible que el Presidente del Consejo Nacional Electoral Elvis Amoroso presente como primer boletín electoral, una información apresuradamente elaborada, sin las formalidades del caso y contentiva sólo de los resultados del 80 por ciento de las actas escrutadas?

¿Cómo es posible que ese primer boletín considere como irreversible la diferencia de votos entre los dos candidatos más votados, cuando el número de votos faltantes era más de tres veces superior a la diferencia entre estos candidatos? Faltaban 2,3 millones de votos por escrutar y la diferencia referida era de 700 mil votos.

¿Por qué ese primer boletín del CNE no fue producto del trabajo de la sala de totalizaciones y no se elaboró como correspondía en presencia de los testigos nacionales de los candidatos, de las organizaciones políticas y de los veedores?

¿Cómo incurre el CNE en una clara violación legal, al proceder a la adjudicación, proclamación y acreditación como Presidente electo de Nicolás Maduro, sin tener el escrutinio de todas las actas, como obliga la legislación vigente?"[48]

Ahora bien, ante la Proclamación sin Totalización del Sr. Maduro, con todas las ilegalidades que derivan de estas preguntas, uno de los candidatos en la elección presidencial del 28 de julio, el día siguiente del anuncio, 30 de julio de 2024, hizo pública la comunicación que envió a dicho Consejo Nacional Electoral en la cual expresó que:

---

[48] Véase Luis Fuenmayor Toro, "Preguntas peligrosas," en *aporrea.com*, 22 de agosto de 2024, disponible en: https://www.aporrea.org/actualidad/a333704.html.

"el CNE se apresura a hacer público un Boletín incompleto, sin irreversibilidad en los resultados, sin actas de escrutinio que lo soporten, y con la duda del posible efecto del supuesto ataque cibernético al sistema de trasmisión de datos, que dejó de ser confiable. [...].

La inexistencia de las actas de escrutinio publicadas por el CNE coloca a los candidatos en una situación de absoluta indefensión. ¿Cuántos votos obtuvo cada candidato? ¿Cuántos cada organización política? ¿Dónde están los resultados discriminados por mesa electoral que permita verificarlos contra las actas de escrutinio obtenidas por los testigos de los partidos? ¿Cómo ejercer el derecho a impugnar los resultados sin esta información?

Más allá de esto, el CNE procede a proclamar al supuesto candidato ganador, sin haber publicado los resultados. ¿Cómo esto es posible? ¿No viola esto la LOPRE y los derechos políticos y ciudadanos del resto de los candidatos?

Categóricamente viola la confiabilidad y la trasparencia del proceso electoral establecida en el artículo 293 de la Constitución, hace inútil la soberanía popular ejercida mediante el sufragio garantizada en el artículo 5 de la Constitución, y conspira contra la forma republicana que se ha dado la nación, que tiene en sufragio la columna fundamental."[49]

Con base en ello, se entiende entonces, todo el contenido del Pronunciamiento de la Facultad de Ciencias Jurídicas y Políticas de la principal Universidad del país, como es la Universidad Central de Venezuela, al destacar los vicios del supuesto "Acto de Adjudicación y Proclamación" que tuvo lugar el día 29 de julio de 2024, de Nicolás Maduro, como

---

[49] Disponible en: https://x.com/ENRIQUEMARQUEZP/status/181937 3010484175040/photo/1.

presidente electo en los comicios celebrados el día anterior, acto que según la información publicitada del mismo, no fue emitido por el órgano competente del Poder Electoral, como es el Consejo Nacional Electoral, como órgano colegiado, sino solo por el Presidente de dicho Cuerpo.

Por ello, con razón, la Facultad de Ciencias Jurídicas y Políticas de la Universidad Central de Venezuela, ha expresado en su Comunicado que "dicha proclamación no se ajustó a la legislación electoral por haber sido realizada por una autoridad que se extralimitó en sus competencias e invadió las del órgano comicial, que es un cuerpo colegiado, y cuyos efectos devienen nulos." Y ello, porque tratándose de una usurpación de autoridad, conforme lo indica el artículo 138 de la Constitución sus actos son nulos y sin efecto alguno.[50]

Como se ha señalado, dicho acto de anuncio del Presidente del Consejo Nacional Electoral se realizó sin que se hubiese efectuado la totalización de los votos conforme a las Actas de Escrutinio, que supuestamente no se habían recibido en el Cuerpo por un supuesto hackeo de los sistemas informáticos, y, por tanto, sin indicación de cuáles fueron las Actas totalizadas, y solo supuestamente con base en una totalización que se reflejaba en un supuesto Boletín Parcial de Totalización, sin respaldo en Actas de Escrutinio que debieron publicarse y formar parte del Tabulador anexo al Acta de Totalización, que no había sido emitido por el Sistema Automatizado de Totalización, incluso, con el anuncio de que supuestamente solo

---

[50] De allí, por ejemplo, que la Federación Interamericana de Abogados, en declaración emitida en Washington el 29 de julio de 2024 declarara: "Rechazar la proclamación del señor Nicolas Maduro Moros como ganador de las elecciones presidenciales de Venezuela del pasado domingo 28 de julio, por ser ilegítima y fraudulenta y exigir que se proceda por expertos imparciales designados por la ONU, OEA y la UE, con participación de la oposición, a recontar las actas electorales aprobadas por los testigos de cada mesa." Disponible en: https://www.iaba.org/declaracion-por-el-respeto-de-la-voluntad-popular/.

faltaba por "totalizar" un 20% de las actas, que era una cifra suficiente para que no pudiera adjudicarse y menos proclamar algún candidato.

Por ello, el Rector Principal del Consejo Nacional Electoral (CNE), Juan Carlos Delpino Boscán, en un Comunicado público emitido casi un mes después del proceso electoral, el 26 de agosto de 2024, se refirió a "las irregularidades ocurridas durante" dicho proceso "que derivaron en una *pérdida de confianza en la integridad del proceso y en los resultados anunciados,*" lo que lo llevó a declinar el 29 de julio, "la invitación del presidente del CNE para asistir al acto de proclamación, manteniendo mi postura en *desacuerdo con la falta de transparencia en el proceso,*" todo lo cual evidenció - dijo - "la gravedad de la *falta de transparencia y veracidad de los resultados anunciados.*"[51] En entrevista publicada el mismo día 26 de agosto en el *The New York Times*, Delpino, hablando "por primera vez desde la votación," dijo: "no recibí evidencia alguna" de que Maduro hubiera obtenido la mayoría de los votos."[52]

---

[51] Comunicado publicado el 26 de agosto de 2024. Disponible en: https://diarioversionfinal.com/xvf-portada/vf-home/ahora-juan-carlos -delpino-publica-un-comunicado-a-la-opinion-publica/ La respuesta del régimen fue inmediata: el primer vicepresidente del Partido Socialista Unido de Venezuela (PSUV), Diosdado Cabello, anunció el 26 de agosto de 2024, que la Asamblea Nacional avanzará con el procedimiento para destituir y reemplazar al rector principal del Consejo Nacional Electoral (CNE) Juan Carlos Delpino, luego de que denunciara la «falta de transparencia y veracidad de los resultados» de las elecciones del 28 de julio. Véase: "Diosdado Cabello anunció que destituirán a Juan Carlos Delpino como rector del CNE," en *Monito-riamos*, 26 de agosto de 2024, disponible en: https://monitoreamos. com/destacado/diosdado-cabello-anuncio-que-destituiran-a-juan-carlos -delpino-y-lo-reemplazaran-en-el-cne.

[52] En entrevista con Julie Turkewitz del *The New York Times*, titulada "No hay pruebas de que Maduro ganara, dice un alto funcionario

Sobre esos anuncios, como lo observó José Ignacio Hernández,

"En la madrugada del 29 de julio, el presidente del CNE emitió el primer boletín, con "resultados irreversibles" a favor de Nicolás Maduro. Sin embargo, ese primer boletín, que es en realidad un acta parcial de totalización, no ha sido divulgado, ni se conoce con ello el resultado basado en el escrutinio por mesa electoral. Enrique Márquez, quien fuera candidato presidencial y rector del CNE, advirtió que, de acuerdo con los testigos, ese supuesto boletín no fue emitido por el sistema automatizado de totalización.

Con lo cual, los resultados leídos por el presidente del CNE no respondieron a las actas de escrutinio y totalización, lo que implica que tampoco el directorio del CNE pudo haber decidido sobre el primer boletín, ni mucho menos, sobre la adjudicación del cargo de presidente.

El presidente del CNE anunció la proclamación de Maduro sin actas electorales.

Pocas horas después, el presidente del CNE condujo el acto de proclamación de Nicolás Maduro. Para ese momento, no se habían publicado los resultados que deben dar respaldo a la proclamación. Tampoco hay constancia de que el directorio del CNE haya deliberado y aprobado la proclamación. Como explicamos, es el directorio del Consejo, no el presidente, quien tiene la atribución para totalizar, adjudicar y proclamar al presidente electo.

---

electoral venezolano," se indica que "un funcionario del consejo electoral expresó serias dudas sobre las declaraciones de victoria del presidente autoritario Nicolás Maduro," en *The New York Times*, 26 de agosto de 2024, disponible en: https://www.nytimes.com/es/2024/08/26/espanol/resultados-elecciones-venezuela.html. Véase la entrevista en la edición impres: Julie Turkewitz, "Election Official Says He's Seen No Evidence of a Madury Victory, *The New York Times*, 27 de agosto de 2024, p. A4.

La proclamación no es un mero acto protocolar. Por el contrario, esta decisión tiene que estar basada en el procedimiento de totalización y adjudicación, todo lo cual debe constar en el acta firmada por los rectores del CNE (artículo 385, Reglamento Electoral). Sin haberse cumplido esas fases, el presidente -en acto individual, y no con base en una decisión del directorio- anunció la proclamación de Maduro, en lo que terminó siendo un anuncio carente de sustento jurídico."[53]

Por otra parte, como se ha analizado, conforme a la legislación electoral venezolana, el Consejo Nacional Electoral, como Cuerpo colegiado y no su Presidente, solo puede proclamar un candidato como Presidente, después que se emita por el Consejo el Acta de Totalización de todas las Actas de Escrutinio, y se emita, como resultado de ello, el Boletín Final de Totalización que refleja los resultados electorales definitivos detalladamente como se reflejan en dichas Actas de Escrutinio de todas las Mesas de Votación; lo que significa que no se puede adjudicar y menos proclamar algún candidato sino después de que se haya totalizado la totalidad de las Actas de Escrutinio de las Mesas de Electorales. De allí que, como lo observó el profesor José Ignacio Hernández:

"el anuncio de proclamación que hizo el presidente del CNE el día 19 de julio adolece de tres vicios, a saber: 1. La proclamación no se respaldó en el acta de totalización. 2. La proclamación no se basó en las actas de escrutinio divulgadas por mesa. 3. El lapso de totalización venció, sin que el CNE haya cumplido esa fase. Sin acta final de totalización, no puede sostenerse jurídicamente la procla-

---

[53] Véase José Ignacio Hernández," El vacío constitucional por el vencimiento del plazo de totalización en las elecciones presidenciales venezolana Una guía legal rápida," 30 de julio de 2024, disponible en: https://www.joseignaciohernandezg.com/2024/el-vacio-constitucional-por-el-vencimiento-del-plazo-de-totalizacion-en-las-elecciones-presidencialesvenezolanas/ .

mación. De hecho, no hay publicidad de ninguno de los datos electorales que soportan la totalización, siendo que esa difusión ha debido cumplirse en el lapso de 48 de horas."[54]

El mismo profesor Hernández en otra nota explicó que el:

"anuncio se hizo ignorando todos los procedimientos de escrutinio y totalización, así como las normas de competencia del CNE. Se trató, en realidad, de un anuncio personal de quien preside el CNE, actuando abiertamente fuera de sus facultades. Este tipo de irregularidad, hasta ahora, no había sido cometido, pues en 2013 y 2018, y al margen de las malas prácticas electorales, al menos se cumplieron las formas mínimas.

Estas violaciones permiten hablar de una *vía de hecho electoral*, pues esta adjudicación -y posterior proclamación- no respondió a las formalidades previstas en la Ley Orgánica de Procesos Electorales (LOPRE) y la Ley Orgánica del Poder Electoral (LOPE), sino a puras actuaciones materiales de quien preside el Consejo. Por lo tanto, en realidad, la adjudicación y proclamación no pueden surtir ningún efecto pues resultan de una vía de hecho electoral. Desde un punto de vista jurídico, Maduro no ha sido proclamado presidente."[55]

---

[54] Véase José Ignacio Hernández, "El vacío constitucional por el vencimiento del plazo de totalización en las elecciones presidenciales venezolana Una guía legal rápida," 30 de julio de 2024, disponible en: https://www.joseignaciohernandezg.com/2024/el-vacio-constitucional -por-el-vencimiento-del-plazo-de-totalizacion-en-las-elecciones-presi dencialesvenezolanas/.

[55] Véase José Ignacio Hernández, "Las violaciones a la legislación electoral venezolana con la proclamación de facto de Nicolás Maduro," 30 de julio de 2024, disponible en: https://www.joseignacio hernandezg.com/documents/las-violaciones-a-la-legislacion-electoral- venezolana-con-la-promocion-de-facto-de-nicolas-maduro/.

De allí la conclusión precisa de la Facultad de Ciencias Jurídicas y Políticas de la Universidad Central de Venezuela, en el Pronunciamiento mencionado, en el sentido de que el Consejo Nacional Electoral debe:

"apegarse a la ley, llevando a cabo la totalización de los votos y la adjudicación del cargo a elegir de conformidad con las actas de escrutinio emitidas por las mesas electorales; y sólo entonces proceder a la proclamación y acreditación del ganador. Todo ello debe hacerse mediante el sistema automatizado de totalización del mismo CNE, y con las actas que ya tienen en sus manos tanto el propio CNE como los representantes de los candidatos competidores.

El irregular anuncio de resultados de la elección, sin respaldo ni totalización de actas, como lo observó el Panel de Expertos de la ONU en su Informe Preliminar de 9 de agosto de 2024:

"consistieron en comunicaciones orales sin apoyo infográfico. El CNE no publicó, y aún no ha publicado, ningún resultado (o resultados desglosados por mesa de votación) para respaldar sus anuncios orales, según se contempla en el marco legal electoral."

Con dichos anuncios, sin totalización de votos, dicho Panel de Expertos observó que:

"13. En resumen, el proceso de gestión de resultados por parte del CNE no cumplió con las medidas básicas de transparencia e integridad que son esenciales para la realización de elecciones creíbles. Tampoco siguió las disposiciones legales y regulatorias nacionales, y todos los plazos establecidos fueron incumplidos. En la experiencia del Panel, el anuncio del resultado de una elección sin la publicación de sus detalles o la divulgación de resultados tabulados a los candidatos no tiene precedente en elecciones democráticas contemporáneas. Esto tuvo un impacto negativo en la confianza del resultado anunciado por el CNE entre una gran parte del electorado venezolano.[56]

III. LOS ANUNCIOS LEGÍTIMOS DEL RESULTADO ELECTORAL HECHO POR LA OPOSICIÓN, CON BASE EN LAS COPIAS DE LAS ACTAS DE ESCRUTINIO DE LAS MESAS ELECTORALES, QUE FUERON LEGÍTIMAMENTE OBTENIDAS, COMPILADAS Y PUBLICITADAS

Sin embargo, ante las carencias que significaron el anuncio el 29 de julio de 2024 por el Presidente del Consejo Nacional Electoral de la proclamación del Sr. Maduro, sin que se hubiese realizado la totalización de la información contenida en las Actas de Escrutinio de todas las Mesas del país, con la tabulación y publicación de las mismas, a primeras horas de la noche de ese mismo día 29 de julio, es decir, ante la ausencia de información sobre las Actas de Escrutinio recibidas por parte del Consejo Nacional Electoral, que podrían haber respaldado el anuncio de dicho organismo, María Corina Machado y Edmundo González Urrutia, en rueda de prensa, informaran al país que habían recolectado información de las Mesas, sus miembro y sus testigos teniendo a su disposición las copias de un 71 % de las Actas de Escrutinio, y que dicha información la habían subido a un portal de internet donde todo interesado podía consultarlas, completándose unos días después en un total del 83,5% de las actas a nivel nacional. De acuerdo con esta información, el resultado de la votación era de 7.303.480 votos para Edmundo González Urrutia y de 3.316.142 votos para Nicolás Maduro, lo que arrojaba un porcentaje de votos, de 67% a favor de Edmundo González Urrutia y de 30% para Nicolás

---

[56] El Informe del panel de Expertos de la ONU está disponible en: https://news.un.org/en/sites/news.un.org.en/files/atoms/files/Informe_Preliminar_PdE_Venezuela_090824.pdf.

Maduro,[57] sin duda haciendo ganador a González Urrutia en el proceso electoral.[58]

Sobre este logro organizacional de la oposición, como lo destacó el periodista Tiago Rogero, del diario *The Guardian*, el 7 de agosto de 2024, se puso en evidencia "que las elecciones en Venezuela fueron robadas,"[59] calificando luego el 10 de agosto de 2024, como "Una brillante jugada política," que:

"48 horas después de la elección, la coalición opositora anunció que su candidato había ganado y tenía pruebas para demostrarlo.

Gracias a un plan que se había preparado durante meses, los activistas de la oposición habían logrado reunir más del 83% de los escrutinios: largas impresiones que parecían recibos de caja, que mostraban que Maduro en realidad había ganado sólo el 30% de los votos, en comparación con el 67% de González.

---

[57]   Disponible en: https://resultadosconvzla.com/.

[58]   De allí, por ejemplo, que líderes mundiales y personalidades destacadas del mundo internacional, dadas las pruebas que compartió la oposición venezolana, pidieron a los Jefes de Gobierno, representantes extranjeros y jefes de instituciones internacionales" "reconocer a Edmundo González como Presidente legítimo de Venezuela." Véase Mauricio Dueñas Castañeda, "Santos y Ban Ki-moon, entre los líderes que piden reconocer a González Urrutia," en *El Espectador*, disponible en: https://www.msn.com/es-co/noticias/mundo/santos-y-ban-ki-moon-entre-los-líderes-que-piden-reconocer-a-gonzá lez-urrutia/ar-AA1oxWqF?ocid=socialshare.

[59]   Véase Tiago Rogero, *"The Guardian*: La evidencia muestra que las elecciones en Venezuela fueron robadas, ¿pero Maduro cederá?" en *Morfema Press*, 7 de agosto de 2024, disponible en: https://morfema. press/actualidad/the-guardian-la-evidencia-muestra-que-las-elecciones -en-venezuela-fueron-robadas-pero-maduro-cedera/.

Los resultados escaneados se cargaron en un sitio web, que mostraba el resultado general y el resultado de cada estación electoral individual.

"Ha sido una brillante jugada política de la oposición, un logro logístico sumamente impresionante", dijo Andrés Pertierra, doctorando en historia de América Latina y el Caribe en la Universidad de Wisconsin-Madison. "Básicamente, la oposición está obligando al chavismo a reconocer el hecho de que están robando las elecciones".

La operación para reunir los datos se preparó durante nueve meses y, sorprendentemente, se llevó a cabo a plena luz del día y bajo uno de los regímenes más autoritarios del mundo.

"Ya sabíamos que el CNE [el consejo electoral controlado por el gobierno] no era un árbitro imparcial, así que desde el principio sabíamos que no sólo necesitábamos ganar sino demostrar que habíamos ganado", dijo un activista de la oposición, ….

El gobierno de Maduro ha desestimado el resultado de la oposición como un fraude, pero los recuentos han sido verificados por cuatro análisis independientes, realizados por *Associated Press*, *el Washington Post*, la ONG colombiana Misión de Observación Electoral y el profesor de forense electoral Walter R. Mebane Jr. de la Universidad de Michigan.

"A lo largo de la historia ha habido elecciones disputadas en las que [la gente ha dicho] 'probablemente fue robada', pero nunca hubo realmente nada para comparar y contrastar", dijo Pertierra, y luego agregó: "Ahora, no solo la oposición ha logrado recopilar todos estos datos… sino que obliga al chavismo a no poder enturbiar las aguas y robar abiertamente las elecciones o entregar el poder".

[…]. las pruebas que muestra han ayudado a intensificar la presión diplomática sobre Maduro. […] incluso los gobiernos de izquierda de México, Brasil y Colombia -tradicionalmente más afines al chavismo- han instado a Maduro a que publique el recuento completo de las votaciones. Las autoridades venezolanas han afirmado que eso ya es imposible, afirmando sin pruebas que el sitio web del consejo electoral ha sido hackeado.

"Los chavistas están ahora en una posición muy difícil para tratar de defender la legitimidad de los resultados porque es realmente difícil explicarlos en este momento. Si los resultados de Maduro fueran legítimos, ¿por qué no podía simplemente mostrarlos?", preguntó Pertierra."[60]

Como lo resumió Joseph Borrell, Alto Representante de la Unión Europea para Asuntos Exteriores y Política de Seguridad en declaraciones del 10 de agosto de 2024:

"la oposición, más allá de un gran esfuerzo de coordinación, organización y movilización en defensa del voto, ha actuado con transparencia. Gracias a la presencia de casi 90.000 testigos de mesa de la oposición en los centros de votación y a la valentía y espíritu democrático de los venezolanos, han conseguido escanear y registrar más del 80% de las actas electorales certificadas expedidas por las máquinas de votación, las digitalizaron y publicaron. El sistema es sencillo: cuando se cierra la votación, los miembros de mesa, testigos y operadores firman en la pantalla el acta de escrutinio, que incluye la cantidad de

---

[60] Véase Tiago Rogero, "Cómo la oposición venezolana demostró su victoria electoral: "Una brillante jugada política" *The Gardian*, 10 de agosto de 2024, disponible en https://www.theguardian.com/world/article/2024/aug/10/gonzalez-proof-win-venezuela-election-vote-tally-maduro; y en *Morfema Press*, en: https://morfema.press/actualidad/como-la-oposicion-venezolana-demostro-su-victoria-electoral-una-brillante-jugada-politica/.

votos recibidos por cada candidato, desglosado por partido político. La máquina de votación imprime el acta de escrutinio y envía los resultados al CNE mediante líneas dedicadas y encriptadas. Finalmente, los testigos de diferentes partidos reciben copias en papel de las actas oficiales, que son las que la oposición ha logrado reunir y publicar. Varias organizaciones y medios independientes, incluyendo el Carter Center, las han analizado y corroborado como fehacientes. En base a las actas publicadas por la oposición, como he anunciado en nombre de la UE en una declaración acordada por los 27 Estados Miembros, Edmundo González Urrutia parece ser el ganador de las elecciones presidenciales por una mayoría significativa."[61]

Sobre estos eventos, el Informe del Departamento para la Cooperación y Observación Electoral de la OEA, expresa que:

"Más de seis horas después del cierre de la votación, el CNE realizó un único anuncio en conferencia de prensa, indicando que había procesado el 80% de las mesas de votación y declarando ganador al candidato oficialista, sin otorgar el detalle de las mesas procesadas, sin publicar las actas y brindando únicamente los porcentajes agregados de votación que habrían recibido las principales fuerzas políticas. El CNE falsamente calificó estos datos como "irreversibles". Las cifras publicadas en el canal oficial revelaron, además, errores aritméticos.

Los eventos de la noche de la elección confirman una estrategia coordinada, que se ha venido desplegando durante los últimos meses, para vulnerar la integridad del proceso electoral. La suma de diversos elementos imposibilita otorgarle reconocimiento democrático a las

---

[61] Véase el texto de la Declaración "La voluntad del pueblo venezolano debe ser respetada," 10 de agosto de 2024, disponible en: https://www.eeas.europa.eu/eeas/la-voluntad-del-pueblo-venezolano-debe-ser-respetada_es.

cifras oficiales: la opacidad del CNE y su resistencia a la observación nacional e internacional, la extrema inequidad en la contienda, la intimidación y la persecución política, la supresión de candidaturas, los ataques a la prensa y al derecho a la información, la demora en la apertura de centros de votación y en la divulgación de los resultados, la renuencia a permitir el ingreso de testigos de las fuerzas de la oposición a las mesas y centros de votación o entregarles la copia del acta de escrutinio, la suspensión en la transmisión de resultados desde distintos centros de votación, la interrupción del servicio de la página del CNE desde la noche del domingo, el anuncio de un supuesto hackeo al sistema de transmisión sin aportar prueba alguna y, sobre todo, la contradicción entre los porcentajes anunciados y los ejercicios de verificación ciudadana que se hicieron públicos al concluir el escrutinio, que además coincidían con los muestreos y encuestas de boca de urna que aplicaron metodologías técnicas." [62]

De todo eso, concluyó el Informe de la OEA, que "en las circunstancias actuales, no pueden reconocerse los resultados anunciados por el Consejo Nacional Electoral (CNE) que proclaman ganador a Nicolás Maduro en la elección presidencial del domingo 28 de julio en la República Bolivariana de Venezuela." [63]

Por todo ello, igualmente el Centro Carter en su Informe, al señalar que "la elección presidencial de Venezuela de 2024 no se adecuó a parámetros y estándares internacionales de integridad electoral y no puede ser considerada como democrática," agregó que:

"El Centro Carter no puede verificar o corroborar la autenticidad de los resultados de la elección presidencial

---

[62] Disponible en: http://www.oas.org/fpdb/press/Informe-al-SG-sobre-Elecciones-Venezuela-2024-30-de-julio-para-distribuir-(1).pdf

[63] Idem

declarados por el Consejo Nacional Electoral (CNE) de Venezuela. El hecho que la autoridad electoral no haya anunciado resultados desglosados por mesa electoral constituye una grave violación de los principios electorales."

En cuanto a Transparencia Electoral, además de considerar que "el proceso electoral ha sido probablemente el más irregular de los últimos tiempos, marcado por el talante autocrático del gobierno," expresó en su Informe que consideraba "que el proceso electoral no cumplió con los más básicos estándares democráticos, y los resultados anunciados por el CNE han sido forjados, constituyendo un fraude masivo," y los mismos "no pueden ser reconocidos hasta tanto no se publiquen las actas de escrutinio que lo sustenten, que deben ser las emitidas por las máquinas de votación."[64]

Ello lo corroboró la asesora para América Latina y el Caribe del Centro Carter, Jennie Lincoln, quien estuvo en Venezuela el día de la votación en la Misión de Observación Electoral, en entrevista exclusiva difundida el 9 de agosto por CNN Chile, en la cual afirmó que en el desarrollo de la elección del pasado 28 de julio, lo siguiente:

> "Nosotros notamos un CNE que no fue imparcial, que fue muy parcializado y a favor del gobierno y del candidato. También había problemas con el registro de votantes, con el registro de candidatos, acceso a los medios y dificultades para conducir algunas campañas electorales. Por eso decimos que no se contó con estándares internacionales en la elección."

---

[64] Véase: Informe preliminar de Transparencia Electoral sobre las Elecciones Presidenciales Venezuela 2024 El proceso electoral no cumplió con los más básicos estándares democráticos, y los resultados anunciados por el CNE han sido forjados, constituyendo un fraude masivo. Disponible en: https://transparenciaelectoral.org/transparen cia-electoral-advierte-que-las-elecciones-de-venezuela-no-cumplieron-con-los-mas-basicos-estandares-internacionales/

A la pregunta de si era "efectivo que más a menos a la media noche la información que ustedes tenían es que estaba transmitida por lo menos el 92% de la información electoral, la tenía el Consejo Nacional Electoral completa," la respuesta fue que:

"eso es cierto, confirmado por testigos en la Sala de Transmisión, no en la Sala de Totalización, sino en la Sala de Transmisión, se podía, se podía ver el ritmo de la transmisión de los votos; eso está confirmado."

Sobre este particular aspecto del sistema de transmisión de información, agregó que el sistema "es muy bueno," informando que:

"El voto electrónico en Venezuela es impresionante. Pero también ese voto electrónico tiene dos comprobantes. Uno es el acta impresa al final de la votación, frente a todos los miembros de la mesa y frente a los testigos de los partidos políticos. Número dos, se imprimen todas las actas necesarias para repartir a todos los testigos presentes. Además, se entregan a los observadores internacionales. Esta es información pública que es repartida al momento de cerrar las máquinas. Eso significa que bastante gente, no solo el CNE, tienen en la mano la prueba de esos votos".

Y a la pregunta de si era efectivo que el Partido Socialista Unido de Venezuela (PSUV), "el mismo día de la elección tenía la información de las actas, por qué no lo ha dicho públicamente" aseguró que:

"eso es totalmente cierto. Porque el PSUV tenía sus miembros en todas las 30.026 mesas. Ellos mismos tienen una copia de las actas y no han hablado de eso.

Todos los partidos políticos que pudieran tener testigos en estas mesas tomaron, llevaron un acta, por ley y por costumbre de Venezuela. Esto es porque está información está en el público. Se sabe, se sabe por la compilación de estas actas, por medios privados y aparte del CNE."

Y a la pregunta de sobre los porcentajes de votos que obtuvieron los candidatos, aseguró que:

"basado en estas actas que fueron compiladas por varias entidades, se puede confirmar que ganó Edmundo González por un resultado irreversible. Según las actas públicas analizadas, la cifra llega a casi 70% por Edmundo González y poco más de 30% para Nicolás Maduro. Sin duda que Edmundo González obtuvo más votos."[65]

Sin embargo, como lo informaron las cadenas de televisión CNN y RT, el 2 de agosto de 2024, cinco días después de finalizado el proceso electoral, el Presidente del Consejo Nacional Electoral de Venezuela dio a conocer un "segundo boletín" de resultados de las elecciones presidenciales del domingo 28 de julio de 2024 indicando que:

"Con 96,87 % de las actas transmitidas, Amoroso indicó que el presidente Nicolás Maduro obtuvo 6.408.844 votos (51,95 % de los sufragios); mientras que su más cercano contrincante, el candidato de la opositora Plataforma de la Unidad Democrática, Edmundo González Urrutia, consiguió 5.326.104 (43,18 %)."[66]

---

[65] Héctor Basoalto, "Centro Carter y Venezuela: "El partido de Maduro tuvo desde la noche de la elección todas las actas y no ha dicho nada" CNN Chile, 9 agosto de 2024, disponible en: https://www.cnnchile.com/lodijeronencnn/centro-carter-y-venezuela-el-partido-de-maduro-tuvo-desde-la-noche-de-la-eleccion-todas-las-actas-y-no-ha-dicho-nada_20240809/#google_vignette.

[66] Véase en: "El CNE ratifica el triunfo de Maduro en su segundo boletín electoral. Con el 96,87% de las actas, el presidente del órgano, Elvis Amoroso, dio los resultados definitivos de los comicios del 28 de julio." en RT, 2 de agosto de 2024, disponible en: https://actualidad.

in embargo, el mismo día 2 de agosto de 2024, en un artículo de opinión publicado en *The Wall Street Journal* de Nueva York y titulado "Podemos probar que Maduro fue derrotado," María Corina Machado, la indiscutible líder de la Oposición venezolana, explicó así lo ocurrido en el país, con ocasión de la elección presidencial del 28 de julio de 2024:

"El Sr. Maduro no ganó las elecciones presidenciales venezolanas el domingo. Perdió por goleada ante Edmundo González, 67% a 30%. Sé que esto es cierto porque puedo probarlo. Tengo actas obtenidas directamente de más del 80% de los centros electorales del país.

Sabíamos que el gobierno de Maduro iba a hacer trampa. Hemos sabido desde hace años de los trucos del régimen, y somos muy conscientes de que el Consejo Nacional Electoral está totalmente bajo su control. Era impensable que Maduro admitiera la derrota. [,,,]

Minutos después de que comenzaran a llegar las informaciones [sobre las votaciones], confirmamos que nuestra victoria fue abrumadora. Y sabíamos que los que están en el poder, aterrorizados por las consecuencias personales de décadas de desgobierno, harían todo lo posible para mantenerse en el poder.

---

rt.com/actualidad/518158-cne-da-segundo-boletin-elecciones; y en "Cinco días después de las elecciones venezolanas el CNE amplía la supuesta ventaja de Maduro pero sigue sin presentar las actas," CNN, 2 de agosto de 2024, disponible en https://cnnespanol.cnn.com/2024/08/02/cinco-dias-despues-de-las-elecciones-de-venezuela-el-cne-publica-el-segundo-boletin-que-amplia-la-ventaja-de-maduro/. Véase, además, la información en "Amoroso anuncia segundo boletín sin pruebas y fuera del plazo establecido… María Corina anuncia que ya se puede descargar base de datos completa MESA POR MESA", en Morfema Press, 2 de agosto de 2024, disponible en: https://morfema.press/actualidad/amoroso-anuncia-segundo-boletin-sin-pruebas-y-fuera-del-plazo-establecido-maria-corina-anuncia-que-ya-se-puede-descargar-base-de-datos-completa-mesa-por-mesa/.

Lo hicieron. Anunciaron un resultado fraudulento a las 11 p.m. del domingo, indicando que Maduro había ganado con el 51% de los votos con "el 80% de los votos contados". Lo cierto es que Maduro no ganó en ninguno de los 24 estados de Venezuela. Esto no solo fue confirmado por cuatro conteos rápidos diferentes y dos encuestas a boca de urna independientes, sino también por cada acta de votación que vimos llegar, en tiempo real. […]

El lunes por la mañana habíamos reunido casi la mitad de esas actas. El lunes por la tarde, teníamos suficiente para confirmar la certeza matemática de nuestra victoria. Al día siguiente, se subieron a un sitio web para que el mundo los viera. Las pruebas de este descarado fraude fueron proporcionadas a los jefes de estado de todo el mundo.

El Consejo Nacional Electoral, que tiene el mandato legal de publicar estos resultados a más tardar 48 horas después de las elecciones, cerró rápidamente su propio sitio web. La razón, alegan sus miembros, es un ciberataque desde Macedonia del Norte." [67]

Y por todo lo anterior, en fecha 7 de agosto de 2024, Edmundo González Urrutia, excandidato presidencial advertía que:

"Las atribuciones constitucionales y legales del Poder Electoral están siendo desconocidas y han sido incumplidas de manera flagrante (art. 293 de la Constitución y 33, entre otros, de la Ley Orgánica del Poder Electoral). El Consejo Nacional Electoral (CNE) no ha llevado a cabo las tareas que le corresponden en relación con el proceso comicial dirigido a elegir al Presidente de la República para el periodo 2025-2031.

---

[67] Véase María Corina Machado, "I Can Prove Maduro Got Trounced," en *The Wall Street Journal,* Nueva York, 2 Agosto de 2024, p. A23.

No se ha producido debidamente una totalización oportuna y basada en actas de escrutinio puestas a disposición de las organizaciones políticas y candidatos participantes, ni se han realizado todas las auditorías ordenadas por la normativa vigente.

El CNE no ha producido aún un resultado de las elecciones presidenciales conforme a la Constitución y a la ley. Es función del CNE garantizar la transparencia y confiabilidad de los procesos electorales, lo cual solo ocurrirá una vez que se hagan de conocimiento público auténticas actas de escrutinio. Los testigos de organizaciones políticas participantes han puesto a disposición de la candidatura que represento copias de actas que evidencian mi triunfo en las elecciones presidenciales. Debe efectuarse una verificación confiable con presencia de testigos de las organizaciones políticas y candidatos y de observadores nacionales e internacionales." [68]

IV. SOBRE EL SUPUESTO *HACKEO* EFECTUADO EN EL SISTEMA AUTOMATIZADO DE TRANSMISIÓN DE LA INFORMACIÓN DE LAS ACTAS DE ESCRUTINIO

En paralelo al anuncio de una adjudicación y proclamación del Sr. Maduro, sin que se hubiese efectuado la totalización de la totalidad de las Actas de Escrutinio de las más de 30 Mil Mesas de Votación que funcionaron en el país el día 28 de julio, se argumentó que habría ocurrido un supuesto hackeo en el sistema del Consejo Nacional Electoral, que habría impedido la transmisión de la información de las Actas de Escrutinio de las Mesas de Votación.

---

[68] Véase Edmundo González U., Cuenta X, Disponible en: https://x.com/edmundogu/status/1821149149120569366?s=48&t=bAp-h-EngwlYIVy9nCuahw.

Así quedó reseñada la información por *BBC News Mundo*, el mismo día 28 de agosto de 2024:

"Amoroso atribuyó el retraso a un ataque "terrorista" que demoró la transmisión de datos, lo que provocó dudas ante las denuncias opositoras.

Maduro se hizo eco de los señalamientos.

"Venezuela sufrió un ataque en la noche. Un hackeo masivo. Ya sabemos de qué país viene. No lo voy a decir. Ya la huella quedó. Un hackeo masivo al sistema de transmisión del Consejo Nacional Electoral porque los demonios no querían que se totalizara y se diera el boletín oficial", dijo el mandatario.

Amoroso anunció que solicitó a la Fiscalía iniciar una investigación.

Ya el lunes, el Fiscal General de Venezuela, Tarek William Saab, ofreció una rueda de prensa en la que divulgó algunos detalles del supuesto ataque.

Aseguró que, según "información clasificada" del gobierno, se originó en Macedonia del Norte con la intención de "adulterar las actas" y "manipular los datos que se estaban recibiendo en el CNE".

Agregó que las autoridades lograron neutralizar el presunto hackeo y señaló como autores a los opositores Léster Toledo y Leopoldo López.

También señaló que la líder opositora María Corina Machado estuvo "involucrada".

La oposición cree que el anuncio del supuesto ataque informático es una mentira del régimen de Maduro y asegura que las máquinas que procesan los votos no tienen conexión con la red exterior.

Esta no es la primera que vez que el CNE se demora en entregar los cómputos de unos comicios pese a que el sistema electoral venezolano está totalmente automatizado y, según los técnicos, permitiría ofrecer un resultado una hora después de cerrados los centros de votación."[69]

Pero por lo visto, ninguno prestó atención debida a lo que realmente afirmó el Sr. Amoroso, Presidente del Consejo Nacional Electoral sobre el supuesto hackeo al sistema, que fue que informaba sobre el supuesto primer Boletín, "luego de solventada una agresión en contra del sistema de transmisión de datos."[70] Es decir, que según afirmó el Sr. Amoroso, el anuncio de los resultados que hizo públicos había sido posible porque se habían solventado los problemas originados por el supuesto hackeo.

Y es que debe recordarse que la transmisión de las Actas de Escrutinio al Consejo Nacional Electoral se efectúa en Venezuela mediante un sistema automatizado que hace materialmente imposible cualquier hackeo. Como está explicado el "Aula Virtual Observatorio Electoral Venezolano OEV" en su portal:

> "Durante la etapa de las auditorías previas a la jornada de votación, los partidos políticos verifican cuántas mesas electorales existen en el ámbito nacional y dónde estarán ubicadas. Cada máquina de votación asociada a cada mesa electoral está dotada de un código complejo, que garantiza de manera inequívoca que solamente esas máquinas son las que, al final del acto de votación, pueden transmitir resultados.

---

[69] Véase *BBCNews Mundo*, "El Consejo Nacional Electoral anuncia el triunfo de Nicolás Maduro en las elecciones presidenciales de Venezuela y la oposición rechaza los resultados," 28 de agosto de 2024 (actualizado 29 de agosto de 2024), disponible en: https://www.bbc.com/mundo/articles/cn38n9knl3no.

[70] El video íntegro del acto de anuncio del Primer Boletín por el Sr. Amoroso el 29 de julio de 2024, está disponible en: https://youtu.be/pB7g4y4M4s8?si=6-V1XY4GaMdAlfgh.

Esta garantía se da en dos vías:

Por un lado, los partidos políticos verifican que, por ejemplo, si son 30.500 mesas, el archivo con el listado de mesas que tiene el CNE para recibir información de ellas solo contempla los códigos de esas 30.500 mesas. Ni uno más, ni uno menos. Una vez que esto se verifica, existe una tecnología a nivel de software que garantiza que esto será inalterable durante el resto del proceso; esto es, que esos archivos queden sellados, congelados.

Por otro lado, imaginemos que llegue una conexión de alguien, de alguna otra máquina que no esté en esa lista predeterminada. Esa conexión automáticamente será rechazada por el sistema. No la tomará en cuenta.

4.1. ¿Cómo se hace la transmisión?

Cuando se inicia el acto de votación, el software de la máquina se pone en un modo que borra cualquier información previa y deja la máquina en blanco. Es lo que técnicamente se llama la puesta a cero. Como un contenedor vacío, así arranca la votación.

A partir de las 6:00 p.m., cuando se cierra la mesa, es cuando es posible activar el software de transmisión. Ya sabemos que, antes de ese momento, la transmisión permanece en estado inactivo. En este punto:

   - Se cuentan los votos que están dentro de la máquina.

   - Se imprimen las actas de escrutinio, que es la suma de los votos emitidos para cada opción en la boleta.

La misma información que se imprimió queda digitalmente en un acta electrónica que se expresa en un archivo, que la máquina encripta con una clave y envía al CNE. Este es el único momento de la jornada durante el cual la maquina transmite algo.

La transmisión tiene tres niveles:

- La primera opción es transmitir a través de línea telefónica, es decir, a través de módem telefónico de la estatal Cantv. Sin embargo, la red por la cual se transmiten los datos por esta vía es una red dedicada, no hablamos de la red comercial de Cantv ni hablamos del ABA comercial de internet que podemos tener en nuestras casas. Se emplea una red alterna configurada aparte por Cantv, que también es auditada previamente para garantizar que los datos que por allí viajan estén encriptados, es decir, sean indescifrables por terceros. Lo que por allí se transmite cuenta con las mismas medidas de seguridad avaladas internacionalmente con las cuales trabaja, por ejemplo, la transmisión de datos bancarios compara el auditor y técnico Robinson Rivas, también director de la Escuela de Computación en la Universidad Central de Venezuela (UCV)." […]

4.2. ¿A dónde llegan las actas que transmiten las máquinas?

La información que transmiten las máquinas luego de haber cerrado el acto de votación se envía a los Centros Nacionales de Totalización (CNT). Aquí se hace el conteo de las actas de escrutinio.

Las máquinas de votación están configuradas para transmitir únicamente a los CNT y no a otro lugar distinto.

Hay dos CNT: uno en el edificio sede del CNE, en el Centro Simón Bolívar, frente a Plaza Caracas, y otro en la sede del CNE de Plaza Venezuela, también en Caracas.

Aproximadamente la mitad del total de las máquinas está configurada para transmitir como primera opción a Plaza Caracas, y la otra mitad para transmitir como primera opción a Plaza Venezuela. La repartición se hace de manera aleatoria. Pero, además, cuando el acta llega a uno de estos centros de totalización, inmediatamente se transmite al otro. En consecuencia, ambos centros van recibiendo toda la información de todas las máquinas del país, porque los dos centros están conectados a su vez a una única base de datos.

Cuando una máquina transmite, no hay manera de cambiar la información contenida en esa acta.

El software de totalización con el cual trabajan ambos CNT también es previamente auditado por los partidos políticos. Además, antes de la jornada de votación se hace, en presencia de testigos, lo que se conoce como la puesta a cero de los centros de totalización, una actividad en la cual es borrada toda información de prueba que pueda haber en la base de datos.

Nadie puede entrar en esas computadoras a alterar a mano los datos que van llegando. De hecho, los CNT están aislados.

Desde una sala contigua, los testigos de los partidos políticos observan los monitores, los servidores y todo lo que sucede en la sala de totalización.

Cañas, que ha estado como testigo allí, aclara que en los CNT se ve cuántas actas han llegado, pero no el conteo de votos. Para que se pueda hacer un conteo parcial de votos se tiene que detener por algún brevísimo lapso la recepción en tiempo real de actas (en realidad no es parar literalmente, porque igual siguen almacenándose como en una suerte de espera) y correr un programa que rápidamente arroja un reporte preliminar de votos.

La ventaja de que sean dos CNT es que uno sirva como contingencia o soporte del otro."[71]

---

[71] Véase "Así se cuentan los votos en Venezuela," en el portal *AulaElectoral OEV*, disponible en: https://aulaelectoral.oevenezolano.org/la-transmision-de-resultados/

Con un sistema de transmisión de información de las Actas de Escrutinio como el descrito, con razón, el Consejo Supremo Electoral en 2020 al presentar el nuevo y actual sistema automatizado de votación, indicó que la transmisión es "segura, auditable y confiable," y que el sistema cuenta con el soporte técnico de una "red blindada, exclusiva y totalmente aislada de internet,"[72] lo que hace materialmente imposible algún "hackeo masivo" como el que se anunció, sin fundamento, pues entre otras cosas, como la transmisión es por vías telefónicas aisladas, hubiera implicado a la vez interrumpir la transmisión de datos en más de 30 mil líneas de teléfono, lo que es ciertamente una misión imposible.[73]

Por ello, sobre este supuesto hackeo, desde Macedonia del Norte, que las autoridades de ese país desmintieron categóricamente,[74] el Rector miembro del Consejo Nacional Electoral Juan José Delpino expresó a finales de agosto de 2024 que "contaba con "elementos de carácter técnico", igual que la

---

[72] *Idem.*

[73] Como lo indicó José A. Gil Yepes, el 8 de agosto de 2024, "No se puede hackear el sistema de transmisión electoral porque NO es digital sino analógico. NO funciona por internet sino a través de líneas telefónicas, una por mesa; o sea que habría que haber intervenido 30.000 líneas a la vez. Eso no luce factible." Disponible en su cuenta X en: https://x.com/joseagilyepes?s=43. Por ello, en reportaje escrito por Jordán Flores, se indica que: "En los días previos a la elección, el CNE había afirmado precisamente durante la primera auditoría de telecomunicaciones que su sistema estaba blindado contra hackeos, pues sus servidores operaban en una red privada de CANTV desconectada de Internet." Véase Jordán Flores, "El CNE mantiene los resultados de las elecciones presidenciales bajo un velo de opacidad," en *eldiario,* 28 de agosto de 20-24, disponible en: https://eldiario.com/2024/08/28/cne-cumplio-mes-sin-publicar-resultados/.

[74] Véase "Ministro de Macedonia del Norte rechaza acusaciones sin pruebas sobre «hackeo»," en *TalCual*, 30 de julio de 2024, disponible en: https://talcualdigital.com/ministro-de-macedonia-del-norte-rechaza-acusaciones-sin-pruebas-sobre-hackeo/.

oposición, que demostrarían que nunca hubo ningún hackeo y todo se trató de una 'jugada' del régimen;[75] y apenas se efectuó la votación, Patricio Ballardos, subjefe de la misión en Venezuela del Centro Carter, expresó que la autoridad electoral *"no ha enseñado evidencia alguna,"* y al contrario:

"Existen y se ha publicado en distintos portales evidencias de que la actividad de internet en Venezuela en esa noche (28 de julio) no fue más allá de lo normal, no hubo un *denial of service* que pudiera demostrar ese hackeo.

[...] el proceso de transmisión de datos desde las mesas de votación directamente al centro de cómputo del CNE en Caracas: *iba a ocurrir por un canal dedicado.*

Un ataque vía internet era prácticamente imposible, porque ellos lo que tenían eran vías dedicadas únicamente para la transmisión de la data del CNE; y eso, unos días antes de la elección, lo ofreció la autoridad como una de las salvaguardas y una de las mayores fortalezas del sistema."[76]

Por otra parte, de haber habido un "hackeo masivo" en la transmisión de información de las 30 mil líneas telefónicas, no habría llegado información alguna a la Sala de Transmisión y a la Sala de Totalización del Consejo Nacional Electoral, lo que

---

[75] Véase "Rector del CNE de Venezuela revela las artimañas que utilizó Nicolás Maduro para cometer el fraude electoral: "Les advertí a todos," en *Semana*, 29 de agosto de 2024, disponible en: https://www.semana.com/mundo/articulo/rector-del-cne-de-venezuela-revela-las-artimanas-que-utilizo-nicolas-maduro-para-cometer-el-fraude-electoral-les-adverti-a-todos/202457/.

[76] Véase el reportaje de entrevista con el subjefe de la misión en Venezuela del Centro Carter, Patricio Ballados, "Centro Carter afirma que no hay evidencia del «hackeo» denunciado por el CNE. "No ha enseñado evidencia alguna", aseguró el subjefe de la misión en Venezuela del Centro Carter," entrevista con *DW*, publicado en *El Nacional* 3 de agosto 2024, disponible en https://www.elnacional.com/venezuela/centro-carter-afirma-que-no-hay-evidencia-del-hackeo-al-cne/.

le habría impedido al Presidente de dicho cuerpo haber anunciado un Boletín parcial de resultados anunciando que supuestamente estaba respaldado por la información del 82% de las Actas de Totalización que el Consejo Nacional Electoral que, por supuesto, nunca hizo públicas. Si ese anuncio ocurrió a primeras horas del día 29 de julio, indicando que con ese porcentaje de Actas, el Sr. Maduro en una tendencia "contundente e irreversible," había sido reelecto para un tercer mandato con 5.150.092 votos, un 51,20%; y que el líder opositor, Edmundo González, por su parte, habría logrado 4.445.978 votos, un 44,2%;[77] ello, solo, desvirtuaría que pudo haber hackeo alguno en el sistema de transmisión de datos, y menos aún pudo haber, si el mismo Presidente del Consejo Nacional Electoral procedió, a mediodía del día 29 de julio, a adjudicarle el cargo de Presidente al Sr. Maduro como ganador en la elección, proclamándolo a continuación como tal Presidente electo.[78]

Por ello, Luis Fuenmayor Toro, sobre el supuesto hackeo, se hizo las siguientes "preguntas peligrosas," sobre las cuales, por supuesto no debe haber encontrado respuestas:

"¿Cómo es posible que se hable de un jaqueo a la transmisión de datos, cuando éstos se transmiten por líneas telefónicas individuales analógicas para cada máquina y no a través de Internet? ¿Cómo se entiende el "enlentecimiento" de la transmisión?

---

[77] Véase "El Consejo Nacional Electoral anuncia el triunfo de Nicolás Maduro en las elecciones presidenciales de Venezuela y la oposición rechaza los resultados, en *BBCMundo*, 29 de julio de 2024, disponible en: https://www.bbc.com/mundo/articles/cn38n9knl3no.

[78] Véase "El CNE proclama a Nicolás Maduro como ganador de las elecciones en Venezuela," en *BBC Español*, 29 de julio de 2024, disponible en: https://cnnespanol.cnn.com/2024/07/29/nicolas-maduro -gana-presidencia-venezuela-resultado-elecciones-orix/.

Cómo es eso de que el jaqueo impide totalizar las actas de escrutinio, pero no obtener la información sobre los votos obtenidos por los candidatos.

¿Por qué el CNE suspende la auditoría de telecomunicaciones fase II, que debía ser realizada como estaba programada el lunes 29 de julio, y que en este caso era esencial ante la denuncia de un jaqueo que ha podido claramente evidenciarse?

¿Por qué el CNE suspendió también la auditoria de verificación ciudadana fase II, que estaba programada para realizarse el día 2 de agosto?

Si hubo problemas con la transmisión de datos a una de las dos salas de totalización existentes: ¿Por qué el CNE no publicó por lo menos los resultados de las máquinas que transmitieron a la sala de totalización de Plaza Venezuela y no entregó la base de los datos del primer boletín, que incluían el 80 por ciento de las actas, a los candidatos y a los observadores electorales?[79]

Por todo ello, la situación era de elemental y simple lógica. Una de dos: (i) Si el supuesto hackeo hubiese sido cierto, entonces la información de las Actas de Escrutinio de las Mesas no habría llegado al Consejo y, por tanto, la cifra y porcentaje de votación publicitado por el Presidente del Consejo Nacional Electoral en horas de la madrugada del 29 de julio anunciando el triunfo del Sr. Maduro, para luego adjudicarle el cargo y proclamarlo como Presidente, no sería cierta; o (ii) Si por el contrario, lo anunciado por el Presidente del Consejo Nacional Electoral que lo llevó a adjudicar la victoria al Sr. Maduro y proclamarlo para el cargo era cierto, era porque la información de las Actas de Escrutinio efectivamente habría llegado al

---

[79] Véase Luis Fuenmayor Toro, "Preguntas peligrosas," en *aporrea.com*, 22 de agosto de 2024, disponible en: https://www.aporrea.org/actualidad/a333704.html.

Consejo, y entonces el supuesto hackeo no sería cierto. En la línea de la opaca actuación del Presidente del Consejo Nacional Electoral, parecía que no habría otras alternativas.

Pero la realidad, sin embargo, era otra y distinta conforme a las informaciones generales sobre la verdad de lo ocurrido que tienden a poner en evidencia, primero, que no fue cierto que su hubiese producido hackeo alguno en la transmisión de datos de las Actas de Escrutinio de las Mesas de Votación de las máquinas de votación, hacia el centro de Totalización del Consejo Nacional Electoral, lo que nadie ha probado, comenzando por los técnicos de las empresas de Teléfonos del país, que no han sido ni consultadas ni han expresado opinión, ni han formulado denuncia alguna; y segundo, que tampoco fue cierta la información sobre el número de votos y el porcentaje de votación que, sin respaldo alguno en Actas de Escrutinio debidamente tabuladas, el Presidente del Consejo Nacional Electoral, por sí solo, sin respaldo del Cuerpo colegiado, atribuyó al Sr. Maduro para incluso hasta proclamarlo como Presidente.

De allí, el reportaje de la revista *The Economist*, al calificar lo que ocurrió en Venezuela, como un *"Grand Lacerny"* [80] o "hurto mayor" que, sin embargo, nadie cree, no solo en Venezuela, sino en el mundo entero, exigiéndose en general que el Consejo Nacional Electoral, único órgano competente para ello como cabeza del Poder Electoral, haga la Totalización de los votos conforme a la Ley que lo rige.

Ello, incluso, ha sido el clamor de los gobiernos de la casi totalidad de los Estados latinoamericanos, desde el día siguiente

---

[80] Véase "Nicolás Maduro claims implausible victory in Venezuela's election. Few believe him," en *The Economist*, 29 de julio de 2024, disponible en https://www.economist.com/the-americas/2024/07/29/nicolas-maduro-claims-implausible-victory-in-venezuelas-election.

de la elección,[81] llegando a la declaración terminante del Presidente Gabriel Boric de Chile quien dijo que "no tiene dudas" de que el régimen de Nicolás Maduro "ha intentado cometer un fraude, durante las elecciones presidenciales del 28 de julio, y reiteró que Chile "no reconoce el triunfo autoproclamado» de Nicolás Maduro,"[82] informándose en la reseña escrita de sus declaraciones publicadas el 7 de agosto de 2024, que:

---

[81] Tal como resulta, por ejemplo, de la reseña publicada en el diario *El Mundo* de Madrid el 29 de julio de 2024, sobre las opiniones de los gobiernos de Argentina ("No vamos a convalidar ningún resultado sin el respaldo de los veedores internacionales que no sean títeres del régimen chavista"); Brasil ("espera la publicación por el Consejo Nacional Electoral de los datos desagregados por mesa de votación, paso indispensable para la transparencia, credibilidad y legitimidad del resultado de la contienda"), Uruguay "("El proceso hasta el día de la elección y el del escrutinio claramente estuvo viciado. No se puede reconocer un triunfo si no se confía en la forma y los mecanismos utilizados para llegar a él"), lo que reiteraron en comunicado conjunto de los gobiernos de Argentina, Costa Rica, Ecuador, Guatemala, Panamá, Paraguay, Perú, República Dominicana y Uruguay) (exigieron "la revisión completa de los resultados con la presencia de observadores electorales independientes que aseguren el respeto de la voluntad del pueblo venezolano que participó masiva y pacíficamente," agregando que "El conteo de votos debe ser transparente y los resultados no deben arrojar dudas;." México (el gobierno "reconocerá el resultado de las elecciones en Venezuela que determine la autoridad electoral". Nosotros vamos a esperar el resultado, ya cuando se haya llevado a cabo el recuento ver cuál es el proceso legal y entonces vamos a pronunciarnos)", y Costa Rica, Perú, Guatemala y Panamá (también condenaron los resultados y la transparencia de las elecciones en Venezuela). Véase Tobías Browne, "Los países de la región ponen a Maduro contra la pared al exigirle que demuestre su victoria," Buenos Aires, *El Mundo*, Lunes, 29 julio 2024, disponible en: https://www.elmundo.es/internacional/2024/07/29/66a79f19e4d4d879748b4587.html.

[82] Declaraciones del Presidente Boric, publicadas en *Instagram por notiahorave*, disponibles en: https://www.instagram.com/reel/C-X5gd muFQn/?igsh=Mzh1M3VobzBmaGZkE.

"el mandatario aseguró categórico que su gobierno "no reconoce el triunfo autoproclamado de Maduro", y acusó que "no tengo dudas de que el régimen de Maduro ha intentado cometer un fraude" […]   .

El mandatario chileno ya había sostenido previamente que los resultados informados por el Consejo Nacional Electoral venezolano eran "difíciles de creer" y que el gobierno chileno no los refrendará hasta que no sean "verificables".

En su alocución desde el Palacio presidencial, Boric sostuvo que "si no, hubiesen mostrado las famosas actas. ¿Por qué no lo han hecho? Si hubiesen ganado claramente, hubiesen mostrado las actas", subrayó el mandatario.

"Además, se están cometiendo violaciones a los Derechos Humanos, reprimiendo a la gente que se está manifestando, e iniciando persecuciones penales que son irrisorias y que no serían aceptables en nuestro país ni en ningún otro país democrático".[83]

El planteamiento lo reiteraron expresamente los gobiernos de Brasil, Colombia y México en comunicado de fecha 8 de agosto de 2024:

"Consideran fundamental la presentación por parte del Consejo Nacional Electoral de Venezuela (CNE) de los resultados de las elecciones presidenciales del 28 de julio de 2024 desglosados por mesa de votación. Al tomar nota del proceso iniciado ante el Tribunal Supremo de Justicia de Venezuela (TSJ) en torno al proceso electoral, parten de la premisa de que el CNE es el órgano al que le corresponde,

---

[83] Véase "Boric: Chile no reconoce el triunfo autoproclamado de Maduro," en *Morfema Press*, 7 de agosto de 2024, disponible en: https://morfema.press/actualidad/boric-chile-no-reconoce-el-triunfo-autoproclamado-de-maduro/.

por mandato legal, la divulgación transparente de los resultados electorales."[84]

Sobre este Comunicado de Brasil, Colombia y México, el Grupo de exjefes de Estado y de Gobierno miembros de la Iniciativa Democrática de España y las Américas (IDEA), dirigió un Mensaje a los cancilleres de esos países, destacando que:

"hayan considerado fundamental que el Consejo Nacional Electoral de Venezuela ha de cumplir con su obligación, en grave mora, de mostrar desglosados ante el país y el mundo, mesa por mesa, los resultados de las elecciones presidenciales del pasado 28 de julio; tanto como que hayan observado, dado el proceso incoado por Nicolás Maduro ante el Tribunal Supremo de Justicia a su servicio, que el mandato de transparentar las actas electorales es deber que corresponde acatar al Poder Electoral y ha de ser verificado en una instancia imparcial."

Los expresidentes denunciaron que el retardo del Consejo Nacional Electoral ha sido tiempo que gana el gobierno "para avanzar en su ola de represión y secuestros de miembros de las fuerzas democráticas, como de violaciones generalizadas y sistemáticas de derechos humanos contra el pueblo de Venezuela," y han tomado nota de lo expresado por:

"el Centro Carter, en cuanto a que "no hay evidencias de hackeo" en el sistema electoral tal como denunciaran las autoridades electorales venezolanas y que, antes bien, "ha analizado los números disponibles junto a otras

---

[84] Véase "Brasil, Colombia y México piden al CNE resultados desglosados por mesas y a las fuerzas de seguridad que se respete el derecho democrático a la manifestación (COMUNICADO)," en *Morfema Press*, 8 de agosto de 2024, disponible en: https://morfema. press/actualidad/brasil-colombia-y-mexico-piden-al-cne-resultados-desglosados-por-mesas-y-a-las-fuerzas-de-seguridad-que-se-respete-el-derecho-democratico-a-la-manifestacion-comunicado/.

organizaciones y universidades y confirma a Edmundo González Urrutia como ganador" en las elecciones presidenciales."[85]

Igualmente, sobre la necesidad de que el Consejo Nacional Electoral publique las actas de escrutinio, tal exigencia fue reiterada el 9 de agosto de 2024, por los representantes del Secretario general de la ONU, António Guterres, y el alto comisionado para los derechos humanos, Volker Türk,[86] y el 10 de agosto el Sr. Josep Borrell, Alto Representante de la Unión Europea para Asuntos Exteriores y Política de Seguridad, al expresar:

"El Consejo Nacional Electoral de Venezuela (CNE) anunció el día 2 de agosto los resultados de estas elecciones, declarando a Nicolás Maduro como presidente-electo incluso antes de finalizar el recuento de votos. El Centro Carter, que sí fue invitado por el gobierno venezolano junto al Panel de Expertos de la ONU, y pudo enviar una pequeña misión de observadores y expertos, ha destacado que "la elección presidencial de Venezuela de 2024 no se adecuó a parámetros y estándares internacionales de integridad electoral (…) El hecho que la autoridad electoral no haya anunciado resultados desglosados por mesa electoral constituye una grave violación de los principios electorales".

En efecto, hasta la fecha, el CNE no ha hecho públicas las actas oficiales de votación de los colegios electorales, a pesar de haberse comprometido a hacerlo. En lugar de ello, el poder ejecutivo venezolano ha encomendado al poder

---

[85] Disponible en: https://static1.squarespace.com/static/5526d0eee4b040 480263ea62/t/66b800afcfde3971e61de25e/1723334831849/MENSAJ E+GRUPO+IDEA+A+LA+COMUNIDAD+INTERNACIONAL.pdf.

[86] Véase lo expuesto ante la pregunta de María Alexandra Aristeguieta, en "ONU reitera necesidad de mostrar las actas," *El Nacional*, 9 de agosto de 2024, disponible en https://www.elnacional.com/mundo/ onu-reitera-necesidad-de-mostrar-las-actas/.

judicial que certifique la validez de los resultados anunciados por el poder electoral venezolano, uno de los cinco poderes públicos en Venezuela. Sin embargo, este no es el proceder habitual de acuerdo con el ordenamiento constitucional venezolano. Como han destacado los Cancilleres de Brasil, Colombia y México en su comunicado conjunto, el CNE es el órgano al que corresponde legalmente la divulgación de los resultados electorales."[87]

Días después, Joseph Borrel insistió en afirmar que "La divulgación de los resultados electorales corresponde al CNE."[88]

Y en particular, sobre esto, en el diario *Clarín* de Chile se reportó lo siguiente:

"Brasil advirtió al régimen de Nicolás Maduro que no aceptará el fallo del Tribunal Supremo venezolano en el litigio por las denuncias de fraude en las elecciones. Altas fuentes gubernamentales de Brasilia dijeron a Clarín que "es enfático el pedido de que el régimen presente las actas".

Añadieron que, además, debe ser Consejo Nacional Electoral el órgano que determine el ganador de las presidenciales del 28 de julio en base a esos datos y no la Corte.

Maduro se presentó el viernes en la sede del alto tribunal, que es un organismo colonizado por el chavismo -en

---

[87]   Véase el texto de la Declaración "La voluntad del pueblo venezolano debe ser respetada," 10 de agosto de 2024, disponible en: https://www.eeas.europa.eu/eeas/la-voluntad-del-pueblo-venezolano-debe-ser-respetada_es.

[88]   Véase en: "La divulgación de los resultados electorales corresponde al CNE: Borrell conversó con Edmundo González y le reafirmó la postura de la Unión Europea," *Morfema Press*, 12 agosto 2024, disponible en; https://morfema.press/actualidad/la-divulgacion-de-los-resultados-electorales-corresponde-al-cne-borrell-converso-con-edmundo-gonzalez-y-le-reafirmo-la-postura-de-la-union-europea/.

Venezuela no hay división de poderes-, y afirmó que "lo que diga el Tribunal Supremo de Justicia será ley de la República, santa sentencia". Se descuenta cuál será ese fallo.

"Nosotros seguimos en la demanda de que se presenten las actas, mesa por mesa y urna por una y la palaba definitoria del CNE, no del TSJ", señalaron las fuentes.

Esas actas tampoco las tendría el tribunal, especuló la fuente brasileña. "Dijeron que Elvis Amoroso (el titular del CNE) llevó las actas, pero claramente eso no parece haber sucedido. Llegó con una carpetita con tres papeles, nada más".

"Nosotros nos sostenemos en el comunicado difundido el jueves. Quedó claro que estamos al tanto de la maniobra del TSJ y que no la avalaremos", añadió."[89]

Posteriormente, en Declaración Conjunta sobre Venezuela firmada en República Dominicana con ocasión de la Toma de Posesión del Presidente Abinader, los representantes de los siguientes países: Argentina, Canadá, Chile, República Checa, Costa Rica, Ecuador, España, Estados Unidos de América, Guatemala, Guyana, Italia, Marruecos, Países Bajos, Reino Unido, Panamá, Paraguay, Perú, Portugal, República Dominicana, Surinam, Uruguay, Unión Europea, firmaron una Declaración Conjunta sobre Venezuela, en la cual solicitaron:

"la inmediata publicación de todas las actas originales y la verificación imparcial e independiente de esos resultados,

---

[89] Véase Marcelo Cantelmi, "Brasil desafía a Nicolás Maduro y advierte que no aceptará el fallo del Tribunal Supremo de Venezuela en el litigio por las elecciones. Lo señalaron a Clarín fuentes del gobierno de Lula da Silva. Fue luego de que Maduro afirmase que lo que dijera la Corte sería "santa sentencia y ley de la República". Brasilia mantiene la demanda de que se publiquen las actas electorales," en *Clarin*, 10 de agosto de 2024, disponible en: https://www.clarin.com/mundo/brasil-desafia-nicolas-maduro-advierte-aceptara-fallo-tribunal-supremo-venezuela-litigio-elecciones_0_DT1jYh116S.html.

preferiblemente por una entidad internacional, para garantizar el respeto a la voluntad del pueblo venezolano expresada en las urnas. Toda demora en que esto suceda pone en cuestión los resultados publicados oficialmente el pasado 2 de agosto de 2024."[90]

Posteriormente, a dicha Declaración de Santo Domingo, se adhirieron los siguientes países: Australia, Ucrania, Kosovo, Nueva Zelanda, Bosnia Herzegovina, Macedonia del Norte y Georgia.[91]

En sentido similar, el Consejo Permanente de la Organización de los Estados Americanos (OEA) aprobó el 16 de agosto de 2024, por consenso, una Resolución que urge al Consejo Nacional Electoral de Venezuela (CNE) a publicar las actas de la elección presidencial del 28 de julio desglosadas por mesa de votación, en la siguiente forma:

"6. Instar al Consejo Nacional Electoral de la República Bolivariana de Venezuela a que: (a) publique de manera expedita las actas con los resultados de la votación de las elecciones presidenciales a nivel de cada mesa electoral, y (b) respete el principio fundamental de la soberanía popular a través de una verificación imparcial de los resultados que garantice la transparencia, credibilidad y legitimidad del proceso electoral."[92]

---

[90] Disponible en: https://www.exteriores.gob.es/es/Comunicacion/Comuni ca dos/Paginas/2024_COMUNICADOS/20240816_COMU044.aspxA

[91] Véase en la reseña: "Siete países se sumaron a la Declaración de Santo Domingo sobre la crisis electoral en Venezuela," en Morfema Press, 29 de agosto de 2024, disponible en: https://morfema.press/actúa lidad/siete-paises-se-sumaron-a-la-declaracion-de-santo-domingo-sobre-la-crisis-electoral-en-venezuela/

[92] Véase la Información en CNNEspañol "La OEA aprueba una resolución que urge al CNE de Venezuela a publicar desglosadas las actas de la elección presidencial," 16 de agosto de 2024, disponible en:

Por su parte, los exresidentes latinoamericanos del Grupo IDEA, condenaron la:

"persecución por el Ministerio Público al presidente electo de Venezuela, Edmundo González Urrutia, y la líder de las fuerzas democráticas, María Corina Machado, ordenada por Nicolás Maduro Moros. Tal acción, despótica y abiertamente inconstitucional como contraria a los tratados internacionales de derechos humanos, intenta criminalizar a quienes defienden el respeto de la soberanía popular por la Fuerza Armada y quienes detentan el poder de las armas en el país.

Es incontrovertible para los gobiernos democráticos de la región y europeos, incluidos los que abogan por una salida dialogada, que las actas electorales acopiadas conforme a la ley por los testigos de mesa de las fuerzas democráticas, entregadas a aquéllos y que el Poder Electoral ha ocultado ante el país y el mundo, venciéndosele los plazos prescritos, prueban que González Urrutia es el presidente electo de los venezolanos. Su desconocimiento y su persecución junto a Machado lo confirma y es lo que sí subvierte y altera gravemente el orden constitucional y democrático en Venezuela."[93]

En el ámbito nacional, el reclamo contra el proceder del Presidente del Consejo Nacional Electoral de proclamar un candidato ganador sin totalizar ni publicar actas quedó formalmente resumido en la comunicación que el excandidato Enrique Márquez publicó con fecha 31 de julio de 2024,

---

https://cnnespanol.cnn.com/2024/08/16/oea-aprueba-esolucion-cne-ve nezuela-publicar-desglosadas-actas-elecciones-orix/.

[93] Véase: "Grupo IDEA condena persecución de Edmundo González Urrutia y María Corina Machado"," en *Diario Las Américas*, 7 de agosto de 2024, Disponible en: https://www.diariolasamericas.com/ america-latina/grupo-idea-condena-persecucion-edmundo-gonzalez-urrutia-y-maria-corina-machado-n5361385.

dirigida a los miembros del Consejo Nacional Electoral en la cual expresó que:

"La inexistencia de las actas de escrutinio publicadas por el CNE coloca a los candidatos en una situación de absoluta indefensión. ¿Cuántos votos obtuvo cada candidato? ¿Cuántos cada organización política? ¿Dónde están los resultados discriminados por mesa electoral que permita verificarlos contra las actas de escrutinio obtenidas por los testigos de los partidos? ¿Cómo ejercer el derecho a impugnar los resultados sin esta información?

Más allá de esto, el CNE procede a proclamar al supuesto candidato ganador, sin haber publicado los resultados. ¿Cómo esto es posible? ¿No viola esto la LOPRE y los derechos políticos y ciudadanos del resto de los candidatos?

Categóricamente viola la confiabilidad y la trasparencia del proceso electoral establecida en el artículo 293 de la Constitución, hace inútil la soberanía popular ejercida mediante el sufragio garantizada en el artículo 5 de la Constitución, y. conspira contra la forma republicana que se ha dado la nación, que tiene en el sufragio la columna fundamental.

Como candidato he recaudado un conjunto importante de actas de escrutinio proveniente de las mesas electorales y es mi derecho comparar estos resultados "

Concluyó su comunicación, que nunca fue respondida, exigiendo que se cumpliera con lo que el Sr. Amoroso había prometido en su discurso de la madrugada del día 29 de agosto, en el sentido de que:

"Primero: Que se publiquen en el portal electrónico del Consejo Nacional Electoral el ciento por ciento (100%) de las Actas de Escrutinio emitidas por las Mesas Electorales el pasado domingo 28 de julio de 2024.

Segundo: Que se remita a las organizaciones que postularon candidatos a la Presidencia de la República, en formato electrónico, las Actas transmitidas por las Mesas Electorales al culminar los respectivos Actos de Escrutinio el referido día."[94]

Fue lo mismo que la Comunidad internacional solicitó y que nunca se cumplió por el Consejo Nacional Electoral.

---

[94] Véase en su cuenta X, disponible en: https://x.com/enriquemarquezp /status/1819373010484175040/photo/4

CUARTA PARTE

LA JUDICIALIZACIÓN DEL PROCESO ELECTORAL DEL 28 DE JULIO DE 2024 ANTE EL TRIBUNAL SUPREMO, EN CONTRA DE LA CONSTITUCIÓN Y DE TODAS LAS NORMAS MÁS ELEMENTALES QUE RIGEN LOS PROCESOS JUDICIALES EN VENEZUELA

I. LA PROCLAMACIÓN SIN TOTALIZACIÓN Y LA FELICITACIÓN DEL TRIBUNAL SUPREMO

Como se ha dicho, el día 29 de julio de 2024, el Presidente del Consejo Nacional Electoral, sin que en dicho Cuerpo, conforme se exige en la Ley Orgánica de los Procesos Electorales, se hubiese efectuado la totalización de las Actas de Escrutinio de todas las Mesas de Votación de las elecciones presidenciales del día anterior (28 de julio), anunció mediante un supuesto Boletín parcial que el Sr. Nicolás Maduro supuestamente había ganado la elección presidencial, procediendo a adjudicarle el cargo y a proclamarlo como presidente electo.

TSJ Venezuela
@TSJ_Venezuela

Desde el TSJ felicitamos al Jefe de Estado Nicolás Maduro por su reelección para el periodo presidencial 2025- 2031.
El Poder Judicial felicita al pueblo venezolano por desarrollar un proceso electoral en paz, transparente, eficiente, auditable y ejemplo en el mundo.

Translate post

Caryslia Beatríz Rodríguez

7:53 PM · 7/29/24 From Earth · 81K Views

195 Reposts 89 Quotes 257 Likes 30 Bookmarks

Ese mismo día de dicha proclamación, y unas horas después, apareció publicado en la cuenta oficial X del Tribunal Supremo de Justicia, con hora 7. 53 pm, un post o mensaje institucional de felicitación al declarado como presidente electo, con el siguiente texto:

"TSJ VENEZUELA @...7/29/24. Desde el TSJ felicitamos al Jefe de Estado Nicolás Maduro por su reelección para el periodo presidencial 2025-2031.

El Poder Judicial felicita al pueblo venezolano por desarrollar un proceso electoral en paz, transparente, eficiente, auditable y ejemplo en el mundo.

Caryslia Beatriz Rodríguez".[95]

---

[95] El post del TSJ está disponible en el siguiente enlace: https://x.com/tsj _venezuela/status/1818072469309124713?s=48&t=UqT1orZMkbWa sar9tTjXNw. El texto, aún cuando pueda haber sido eliminado de la cuenta X del Tribunal Supremo está disponible en su texto original en internet (búsqueda: "TSJ Venezuela Felicitación Maduro 29 julio 2024"), en el siguiente link: https://x.com/TSJ_Venezuela/status/ 1818072469309124713?lang=es (última consulta 25 agosto 2024) Sobre este post, *Acceso a la Justicia* ha indicado que con esta publicación, el Tribunal Supremo "a pesar de ser el órgano judicial competente para una posible revisión de los resultados del CNE, emitió una opinión favorable sobre su desempeño y felicitó al presidente por su reelección." Véase "8 anomalías del proceso ante el TSJ y su decisión definitiva sobre los resultados de las presidenciales del 28J," 27 de agosto de 2024, disponible en: https://acceso alajusticia.org/8-anomalias-proceso-tsj-decision-definitiva-resultados -presidenciales-28j/.

Al contrario, el mismo día, sobre dicha proclamación que aceptaba como válida la Sala Electoral, por ejemplo, el jefe negociador de la oposición en las conversaciones con el Gobierno de Venezuela, Gerardo Blyde, consideró en su cuenta de la misma red social X, con razón, que era:

""nula" la proclamación de Nicolás Maduro como presidente reelecto hecha por el Consejo Nacional Electoral (CNE) tras los comicios del domingo, «sin cumplirse la fase de totalización» de las actas.

"Sin cumplirse la fase de totalización en el CNE, el acta de proclamación carece de su requisito fundamental de validez y la hace nula. Se violó el proceso de formación de ese acto por parte del CNE".[96]

En la situación sin duda extremadamente conflictiva, que podía derivar del hecho evidente que se había proclamado a un candidato como triunfador en una elección, sin que se hubiese realizado el paso legal previo a cualquier proclamación, que era la totalización de todas las Actas de Escrutinio de todas las Mesas de Votación, que es en lo único que podía fundamentarse la adjudicación del cargo, era evidente que el asunto podía llegar a conocimiento del Tribunal Supremo de Justicia en Jurisdicción Electoral. Por ello, era elemental que dicho órgano y su Presidenta no debían tomar posición o adelantar opinión en forma alguna sobre el conflicto, y menos en la forma como resultaba de la felicitación a la cual se ha hecho referencia, que era contraria a la imparcialidad que debe caracterizar la función judicial, y que, por ese solo hecho, les

---

[96] Véase en https://x.com/EfectoCocuyo/status/1819194596712181959. Véase "Blyde: Sin cumplirse fase de totalización por el CNE, la proclamación de Maduro es nula," en *Tal cual*, 2 de agosto de 2024, disponible en: https://talcualdigital.com/blyde-sin-cumplirse-fase-de-totalizacion-por-el-cne-la-proclamacion-de-maduro-es-nula/.

imponía a los magistrados el deber de inhibirse de conocer de cualquier asunto que pudiera estar relacionado con la elección.[97]

Pero como la imparcialidad no ha sido el mayor atributo del Tribunal Supremo en los últimos lustros, la felicitación no sólo no les importó, sino que lo más grave fue que, incluso, en el caso del proclamado, no tuvo significación alguna, y mostrándose insatisfecho con la proclamación hecha por el Presidente del Consejo Nacional Electoral, el día 31 de julio de 2024 el Sr. Maduro acudió ante los magistrados de la Sala Electoral del Tribunal Supremo, "como Jefe de Estado," para presentar "un recurso contencioso electoral, conforme a la Constitución, a la Ley Orgánica de los Procesos Electorales, a la Ley Orgánica del Tribunal Supremo de Justicia," cuyo texto y contenido permaneció en secreto a lo largo del desarrollo de

---

[97] A falta de la debida inhibición ante la solicitud del Presidente de la República para que la Sala Electoral hiciera una "verificación" del resultado electoral, lo que dio origen a un bizarro "proceso de peritaje" iniciado en dicha Sala, que comentamos en estas páginas, el 20 de agosto de 2024, la Presidenta de la Sala fue formalmente recusada por el Sr. Enrique Márquez, uno de los citados en dicho "proceso," denunciando los evidentes "vínculos políticos" de la misma "con el PSUV", indicando que "Hay suficientes elementos de pruebas para decir que no puede participar en esta causa," que como se sabe la inició el Sr. Maduro, además de como Presidente de la República, "en representación del Partido Socialista Unido." El video de la información sobre la presentación de la recusación está disponible en: https://www.instagram.com/reel/C-5kF3-ueOu/?igsh=cW9uNHpzdzNjejRh. Véase, además: "Opositor Márquez recusa a magistrada que lidera revisión judicial de comicios venezolanos," en *Swissonfo.ch*, 20 agosto 2024, disponible en: https://www.swissinfo.ch/spa/opositor-márquez-recusa-a-magistrada-que-lidera-revisión-judicial-de-comicios-venezolanos/87299002.

todo el "proceso judicial" que se desarrolló ante dicha Sala hasta el 23 de agosto de 2024.[98]

II. LOS AMBIGUOS ANUNCIOS SOBRE EL "RECURSO" INTENTADO POR NICOLÁS MADURO COMO "HOMBRE DE LEYES," SEGÚN SE AUTO CALIFICÓ: RECURSO DE AMPARO O RECURSO CONTENCIOSO ELECTORAL

Sobre lo que pudo contener el "recurso" interpuesto, solo se supo lo que expresó el propio Presidente excandidato solicitante o "recurrente," en la Rueda de Prensa ante Corresponsales Internacionales realizada ese mismo día 31 de julio de 2024, en el Palacio de Miraflores, indicando que:

"he acudido ante el Máximo Tribunal para que la Sala Electoral proceda a abocarse en la resolución del contencioso electoral del domingo 28 de julio y dilucide desde el punto de vista de peritaje técnico, jurídico e institucional y desde el punto de vista de las leyes venezolanas los acontecimientos del 28 de julio y posteriores al 28 de julio y establezca con absoluta claridad y sentencia legal, los resultados definitivos que me dan como ganador de la elección del 28 de julio, incluyendo todos los pasos y auditorías que se hicieron.[…] El

---

[98] Véase Allan R. Brewer-Carías, "La judicialización del proceso electoral del 28 de julio de 2024 ante el Tribunal Supremo, en contra de la Constitución y de todas las normas más elementales que rigen los procesos judiciales en Venezuela" 23 de agosto d 2024, disponible en: https://allanbrewercarias.com/wp-content/uploads/2024/08/A.B.-Brewer-Carias.-LA-JUDICIALIZACION-DEL-PROCESO-ELECTORAL-ANTE-EL-TRIBUNAL-SUPREMO.-23-8-2024-1.pdf. En esta parte seguimos el texto allí publicado.

sabotaje del sistema electoral de transmisión creó una situación de golpe de Estado contra el proceso electoral."[99]

Además, el 31 de julio de 2024, el Sr. Maduro dejó registrado tanto en su cuenta X, como en su cuenta de *Intagram,* que había acudido allí:

"para que [el Tribunal] se avoque de inmediato a revisar todo el proceso electoral, todo el evento electoral, y pida al Consejo Nacional Electoral todos los elementos de prueba del ataque cibernético, pida todas las actas, revise todo el proceso, convoque a todos los candidatos presidenciales, a todos los partidos, y le puedo decir que el Gran Polo Patriótico y el Partido Socialista Unido, a quien también represento, está listo para consignar los originales de las verdaderas actas, mesa por mesa, cuando sea requerido."[100]

Ese mismo día, en las mismas cuentas de *Instagram* y X, Nicolás Maduro, adicionalmente, informó lo siguiente:

"Soy un hombre de #Leyes y acudí a Interponer un Recurso de Amparo ante la Sala Electoral del Tribunal Supremo de Justicia, máximo tribunal de la #República, para dirimir este intento de golpe de estado.

---

[99] Video disponible en: https://www.youtube.com/watch?v=ZB1sD8u-8V8.

[100] Véase el video de la exposición en: https://x.com/NicolasMaduro/status/1818755964918525970; y en https://www.instagram.com/p/C-GfjIbvgjg/?locale=fr. Disponible igualmente en *Tiktok,* en: https://www.tiktok.com/@nicolasmadurom/video/7397911229827665157; y en Facebook en: https://www.facebook.com/DIGITALTVPISCO/videos/nicolas-madurosoy-un-hombre-de-leyes-y-acud%C3%ADa-interponer-un-recurso-de-amparo-a/1218993455776240/.

Solo los valientes prevalecen con la verdad, amo a mi país y jamás permitiré que dañen nuestra #Patria."[101]

Nada dijo el Sr. Maduro sobre cuál había sido "intento de golpe de Estado" que motivaba que acudiera para que el mismo fuera "dirimido" ante el Tribunal Supremo que en los años recientes había secuestrado los partidos políticos que otrora habían sido de oposición, que había inhabilitado a candidatos de oposición, entre ellos a la Sra. María Corina Machado, y que incluso hasta había llegado a "suspender," *ex post facto*, las elecciones primarias de la oposición democrática.

Ahora bien, ante estos anuncios, lo primero que se debía presumir es que como tal supuesto "hombre de leyes," el Sr. Maduro ante todo debía conocer lo que establecía la Ley Orgánica de los Procesos Electorales y su Reglamento en materia de votación para las elecciones, sobre las actas de escrutinio de la votación en Mesas electorales, sobre la totalización de los resultados de dichas actas, y sobre la proclamación de candidatos electos solo una vez que se ha verificado la totalización de los votos, y que todo ello debía realizarse exclusivamente por el Consejo Nacional Electoral.

Como lo recordaron los profesores miembros de las Cátedras de Derecho Constitucional de la Universidad Central de Venezuela, quienes son precisamente quienes forman los verdaderos "hombres de leyes."

---

[101] Disponible en: https://www.instagram.com/nicolasmaduro/reel/C-GfjI bvgjg/?locale=hi_IN%2F&hl=am-et, y en: https://x.com/Nicolas Maduro /status/1818755964918525970 Por ello, la noticia que se difundió fue que el recurso que había presentado había sido un recurso de amparo, Véase por ejemplo lo publicado en *Micrófono Zuliano*, "Nacionales. Presidente Maduro interpuso recurso de amparo ante Sala Electoral del TSJ," 31 de agosto de 2024, disponible en: https://microfono zuliano. com/presidente-maduro-interpuso-recurso-de-amparo-ante-sala-electo ral-del-tsj/.

"3. De acuerdo con la Constitución y la Ley especial que regula la materia, la sucesión de actos electorales dirigidos a la realización de la elección presidencial del 28 de julio de 2024, luego de la manifestación de la soberanía nacional en el día de la votación, tienen como secuencia perfecta unas fases subsiguientes que incluyen: a) El acto de escrutinio que implica la contabilización y emisión de resultado en cada mesa electoral; b) La generación o elaboración de las actas; c) La transmisión encriptada del acta electrónica digitalizada con la misma información impresa en el acta física; d) El proceso de totalización en la sede del CNE; y, e) Finalmente, solo después de publicada el acta de totalización, se procede a la proclamación del candidato ganador.

4. Todas estas fases del proceso son de la exclusiva competencia del Poder Electoral y, como proceso sistémico, unas presuponen a las otras; de manera que no se puede presumir una totalización sin verificación individualizada o una proclamación sin totalización. Se trata de actos administrativos que requieren publicidad cuya materialización no puede ser subrogada o sustituida por otro órgano del Estado, tampoco pueden ser actos tácitos o presuntos, lo que implica que al ser omitidos se prescinde en forma absoluta del procedimiento administrativo debido. Son formas *ad substantiam actus* en el sentido que la validez de la proclamación depende del cumplimiento de la formalidad de los actos precedentes."[102]

En consecuencia, el Sr Maduro, con el carácter que se arrogó de "hombre de leyes" también tenía que haber sabido muy bien que la "proclamación" que hizo el Presidente del Consejo Nacional Electoral, sin la participación de los demás miembros de dicho cuerpo colegiado, el día 29 de julio de 2024,

---

[102] Disponible en: https://efectococuyo.com/politica/catedra-de-derecho-constitucional-de-la-ucv-sala-electoral-usurpa-funciones-del-cne/.

sin que hubiera habido totalización alguna de actas de escrutinio de ningún tipo, verificada con la participación de los testigos llamados a presenciar dicho acto, y supuestamente, basada en cifras de votos inventadas, sin ningún sustento, había sido un acto completamente contrario a la ley y a la Constitución.

Esa actividad del Presidente del Consejo Supremo Electoral, al margen de la Ley fue descrita por el *Informe preliminar del Panel de Expertos de la ONU - Elección presidencial de Venezuela del 28 de julio de 2024* de fecha 9 de agosto de 2024, en la forma siguiente:

"En las primeras horas del 29 de julio de 2024, el Presidente del CNE *anunció* oralmente que el Presidente Nicolás Maduro había ganado la elección con 5.150.092 votos (51,2%), seguido por Edmundo González con 4.445.978 votos (44,2%), afirmando que se confirmó al Presidente Maduro como ganador con 6.408.844 votos (51,95%), seguido por González con 5.326.104 votos (43,18%), basándose en lo que según el CNE eran el 96,97% de los resultados de las mesas. Los anuncios de resultados consistieron en comunicaciones orales sin apoyo infográfico. *El CNE no publicó, y aún no ha publicado, ningún resultado* (o resultados desglosados por mesa de votación) para respaldar sus anuncios orales, según se contempla en el marco legal electoral."[103]

El supuesto "hombre de leyes" Sr. Maduro, debía igualmente haber sabido que, en realidad, ese acto del Presidente del Consejo Nacional Electoral de adjudicarle el cargo y de haberlo proclamado electo, sin totalizar las votaciones, conforme a la jurisprudencia de la Sala Electoral del Tribunal Supremo ante la cual estaba acudiendo, era un acto absolutamente nulo, como se comenta más adelante.

---

[103] El Informe del panel de Expertos de la ONU está disponible en: https://news.un.org/en/sites/news.un.org.en/files/atoms/files/Informe_Preliminar_PdE_Venezuela_090824.pdf.

En todo caso, como todo "hombre de leyes," el candidato proclamado Sr. Maduro también debía haber sabido que, en el caso planteado, es de la competencia exclusiva del Consejo Nacional Electoral realizar verificaciones sobre el resultado de las elecciones.

Por ello, la Academia de Ciencias Políticas y Sociales, observó:

"con preocupación que la Sala Electoral, al asumir, con motivo de un "recurso contencioso de nulidad" ejercido por el entonces candidato Nicolás Maduro, la tarea de "certificar" los resultados electorales y realizar un "peritaje sobre el material electoral", está invadiendo las competencias constitucionales que son propias y exclusivas del Poder Electoral."[104]

Como también, con anterioridad lo destacó el Bloque Constitucional de Venezuela al:

"Observar, a la Sala Electoral del Tribunal Supremo de Justicia, que no le corresponde invadir competencias propias del Poder Electoral, como la de certificar resultados electorales, esto es, no debe subrogarse en las competencias constitucionales del CNE, so pena de incurrir en usurpación de funciones, y eventualmente, en usurpación de autoridad. Al efecto, huelga señalar que el CNE es un órgano de igual jerarquía constitucional que dicha Sala, a la cual, solo compete la revisión jurisdiccional de las actuaciones u omisiones del primero, cuando se haya provocado una

---

[104] Véase "Comunicado de la Academia de Ciencias Políticas y Sociales sobre la sentencia de la Sala Electoral del Tribunal Supremo de Justicia referente a las elecciones presidenciales del 28 de julio de 2024," de fecha 26 de agosto de 2024, disponible en: https://www.acienpol.org.ve/wp-content/uploads/2024/08/Pronunciamiento-sentencia-Sala-Electoral-TSJ.pdf.

afectación a un candidato, pero, nunca antes de que concluya o se entienda concluida la vía administrativa."[105]

E igualmente, como lo constataron los Expresidentes y miembros del Sistema Interamericano de Derechos Humanos, en el *Llamado urgente* que hicieron a la comunidad internacional:

"Los resultados anunciados por el Consejo Nacional Electoral (CNE) no cumplen con los requisitos mínimos exigidos por la legislación interna. Basta decir que no cuentan con el sustento necesario de las totalizaciones por mesas de votación conocidas como las "actas". Por el contrario, la copia oficial de dichas actas que han sido publicadas por la oposición da un resultado opuesto que da como ganador, por muy amplio margen, al candidato de dichos partidos.

Ante ello, Nicolás Maduro ha intentado un recurso judicial ante la Sala Electoral del Tribunal Supremo de Justicia (TSJ), ante lo cual cabe señalar que conforme al Derecho interno el único ente competente para emitir y certificar los resultados oficiales es el CNE y dicho tribunal carece de competencia para ello. Además, conforme ha sido establecido por los órganos de los sistemas interamericano y de las Naciones Unidas, el TSJ y los demás tribunales de dicho país carecen de la más elemental independencia política."[106]

En consecuencia, lo único que podía motivar un recurso contencioso electoral ante la Sala Electoral era precisamente la

---

[105] Véase: "El Bloque Constitucional de Venezuela a la opinión pública nacional e internacional ante la situación post electoral," 3 de agosto de 2024, disponible en: https://www.bloqueconstitucionalde venezuela. com/archivos/pronunciamientos/ante_la_situacion_post_electoral.pdf.

[106] Disponible en: https://labpaz.org/2024/08/13/venezuela-llamado-urgente -a-la-comunidad-internacional-por-ex-presidentes-y-miembros-del-sis tema-interamericano-de-derechos-humanos/.

impugnación de ese acto de su propia proclamación por ser nulo; y que salvo eso, conforme a lo que había anunciado, nada más podía "dirimir" el Tribunal Supremo de Justicia, y menos aún, estando integrado por Magistrados que ya habían emitido opinión en el caso, que ya habían reconocido su proclamación y que por ello lo habían felicitado públicamente, razón por la cual, en aras de la imparcialidad de la justicia, lo primero que debieron haber hecho era inhibirse de inmediato de conocer del asunto, por presumirse que tenían interés en el caso.

Ahora bien, sobre lo que en concreto intentó el Sr. Maduro ante la Sala Electoral, lo primero que se observa es que falló como el "hombre de leyes" como alegó que era, al haber mencionado en forma ambigua y confusa el mismo día en el cual había intentado el "recurso" ante la Sala que, por una parte, lo que había intentado era un "recurso de amparo," y por la otra, que se trataba de un "recurso contencioso electoral."

Por supuesto, ninguna lógica jurídica podía haber tenido el primer anuncio del Sr. Maduro, de que lo que había intentado ante la Sala Electoral era "un recurso de amparo," particularmente al no haber indicado, primero, cuál habría sido el derecho fundamental que alegaba como lesionado o que estaba amenazado de lesión, y de ser este el caso, cual podía haber sido el carácter inminente, posible y realizable de la misma. Además, debía haber sabido como "hombre de leyes," que, si hubiera existido efectivamente algún agravio o amenaza a algún derecho, tendría que haber probado su condición de agraviado, sobre lo cual nada se dijo;[107] y, además, tendría que haber

---

[107] Por ello, Andrés Guerreo ha indicado que en el "recurso" interpuesto, Maduro "no posee legitimidad activa para acudir al poder judicial a solicitar su intervención, pues no pesa sobre él ningún agravio contra el cual reclamar, carece de interés procesal para pedir la intervención judicial a un órgano -el máximo en su competencia- que sólo puede anular actos electorales o establecer obligaciones o condenas de hacer, frente a omisiones." Véase Andrés Guerrero, "El Tribunal Supremo de

indicado claramente contra quien se intentaba el "recurso de amparo," es decir, quien era la persona agraviante que supuestamente había lesionado su derecho.

Nada de esto, por supuesto existía y por ello no se mencionó ningún derecho constitucional que hubiese sido lesionado o amenazado de lesión, con motivo de la elección presidencial ni de su proclamación por el Presidente del Consejo Nacional Electoral. En realidad, el 29 de julio de 2024, lo que si ocurrió fue que este, al proclamar a un candidato como Presidente, sin que se hubiese realizado la totalización de todos los votos con base en la información de todas las Actas de Escrutinio de todas las mesas de votación, violó la Ley Orgánica de los Procesos Electorales y produjo una lesión cierta al derecho colectivo de todos los venezolanos, de ejercer su soberanía y elegir libremente su representante.

En consecuencia, no teniendo fundamento alguno la idea de que se habría podido haber intentado un "recurso de amparo," conforme a lo que anunció el propio Presidente proclamado, Maduro, había que inquirirse sobre su otra afirmación, de que, en realidad, lo que habría intentado habría sido entonces un "recurso contencioso electoral." Al respecto, Gerardo Blyde indicó que:

> "es claro que se pretende que sea el TSJ el que supla la fase no culminada de totalización de actas, sin ninguna competencia constitucional o legal que se lo permita."

Venezuela es una marioneta de Maduro," en *El Debate*, 21 de agosto de 2024, disponible en: https://www.eldebate.com/internacional /2024 0820/andres-guerrero-prestigioso-jurista-tribunal-justicia-marioneta-maduro_221318.html; y en *El Nacional*, 21 de agoto de 2024, disponible en: https://www.elnacional.com/opinion/el-tribunal-de-jus ticia-es-una-marioneta-de-maduro/.

Además, explicó que el tipo de recurso que introdujo Maduro «tiene como único objeto impugnar actuaciones o actos del CNE».

"¿Qué impugnó Maduro? ¿Su propia acta de proclamación? El TSJ no tiene ninguna competencia para suplir la obligación que tenía el CNE de cumplir con la totalización antes de proclamar. ¿Cuál es la controversia que conoce el TSJ y por la que citan a los candidatos? Maduro no tiene legitimidad activa a menos que haya impugnado su propia proclamación."[108]

En efecto, como lo indicó el propio "hombre de leyes" recurrente, Sr. Maduro, él intentó un "recurso contencioso electoral" ante la Sala Electoral, solicitándole que se abocara "de inmediato a revisar todo el proceso electoral," calificado por la propia Sala Electoral como un recurso contencioso electoral para la "investigación y verificación para certificar de manera irrestricta los resultados del proceso electoral realizado el 28 de julio de 2024," y para que "establezca con absoluta claridad y sentencia legal, los resultados definitivos que me dan como ganador de la elección del 28 de julio;" recurso que simplemente no existe en el ordenamiento jurídico venezolano.

Como lo han explicado los profesores de la *Cátedra de Derecho Constitucional de la Universidad Central de Venezuela*, que sí son efectivamente "hombres de leyes" y son los que los forman:

---

[108] Gerardo Blyde consideró «nula» proclamación de Maduro como presidente reelecto," por *EFE@EFEnoticias*, 1 agosto, 2024 10:22 pm. Disponible en: https://efe.com/mundo-2/2024-08-02/negociador-oposi tor-nula-proclamacion-maduro/.

"7. La premisa básica del Estado Constitucional de Derecho y de Justicia es una equilibrada distribución de las atribuciones en el ámbito de las funciones que les son propias, entre cada uno de los cinco poderes constitucionalmente diseñados. Lo que implica que todas las actividades desarrolladas por los órganos del Estado están sujetas a la Constitución y a la Ley, con la consecuencia de nulidad absoluta cuando se invaden las competencias de los otros órganos. Al efecto dañoso que supone la usurpación de autoridad, la cual deriva en la nulidad del acto dictado, debe añadirse la obstaculización de la función constitucional que, en el caso que nos ocupa, implica la afectación del fin más elevado en un régimen democrático; precisamente, el resguardo de la soberanía nacional.

8. La Ley Orgánica del Tribunal Supremo de Justicia no otorga a la Sala Electoral del más alto tribunal de Justicia de Venezuela, ni al enumerar sus competencias específicas, ni al hacerlo en las competencias comunes de las Salas, atribución alguna que permita conocer una solicitud dirigida a iniciar un "proceso de investigación y verificación para certificar de manera irrestricta los resultados del proceso electoral realizado el 28 de julio de 2024"; menos aún, sin que medie un recurso contencioso electoral, el cual debe inexorablemente estar dirigido a la impugnación de un acto electoral."[109]

III. LA ILEGALIDAD DE LA ACTUACIÓN DEL PROCURADOR GENERAL DE LA REPÚBLICA COMO ABOGADO ASISTENTE EN JUICIO

Ahora bien, lo primero que debe observarse sobre el "recurso contencioso electoral" intentado por el Sr Nicolás Maduro ante la Sala Electoral, y luego admitido por la misma,

---

[109] Disponible en: https://efectococuyo.com/politica/catedra-de-derecho-constitucional-de-la-ucv-sala-electoral-usurpa-funciones-del-cne/.

es que fue introducido "representado por el ciudadano Procurador General de la República, Reinaldo Enrique Muñoz Pedroza, inscrito en el Inpreabogado bajo el número 96.868," es decir, actuando como abogado en ejercicio de la abogacía, lo cual es absolutamente ilegal e inconstitucional.

De acuerdo con la Constitución, el Procurador General de la República es un funcionario público, incluso de los pocos de rango constitucional, cuya competencia es solo la de "asesorar, defender y representar judicial y extrajudicialmente los intereses patrimoniales de la República," y de ser consultado "para la aprobación de los contratos de interés público nacional" (art. 247), siendo sus competencias las determinadas exclusivamente en la Ley Orgánica de la Procuraduría General de la República. Se reitera, dicho órgano solo tiene competencia para ejercer la "defensa de los derechos, bienes e intereses patrimoniales de la República, a nivel nacional e internacional y en el ejercicio de su función consultiva, así como, las normas generales sobre procedimientos administrativos previos a las demandas contra la República" (art. 1), y para "asesorar jurídicamente a los órganos del Poder Público Nacional y ejercer la defensa y representación judicial y extrajudicial de los derechos, bienes e intereses patrimoniales de la República, tanto a nivel nacional como internacional (art. 2). Y en materia judicial, conforme al artículo 9 de la Ley para:

"1. Representar y defender judicial y extrajudicialmente la afectación directa o indirecta de los derechos e intereses patrimoniales de la República, tanto nacional como internacionalmente.

2. Representar y defender a la República, en los juicios que se susciten entre ésta y personas públicas o privadas, por nulidad, caducidad, resolución, alcance, interpretación y cumplimiento de contratos que suscriban los órganos del Poder Público Nacional; así como todo lo atinente al régimen de tierras baldías y contratos en materia minera, energética y ambiental que celebre el Ejecutivo Nacional.

3. Representar y defender a la República en los juicios de nulidad incoados contra los actos administrativos del Poder Ejecutivo Nacional."

Es decir, no ni puede ser función del Procurador General de la República, actuar en juicio "representando" al Presidente de la República, como excandidato, y menos aún actuando en representación de un partido político que estaba representado por el Presidente al intentar el recurso, como éste lo expresó de viva voz ante los Magistrados de la Sala Electoral.

La actuación del Procurador General de la República, Sr. Muñoz, en este caso, fue totalmente contraria a la Ley Orgánica de la Procuraduría General de la República, y, además, contraria a la Ley de Abogados, que prohíbe a los funcionarios públicos ejercer la abogacía. Se trató, efectivamente, de un ejercicio ilegal de la abogacía que tendría que ser sancionado por el Colegio de Abogados respectivo.

IV. LA COMPETENCIA CONSTITUCIONAL Y LEGAL DE LA SALA ELECTORAL Y LA INEXISTENCIA DEL "RECURSO" INTENTADO PARA LA REALIZACIÓN DE UN "PERITAJE"

Ante el carácter "secreto" de su texto, de todas las informaciones y declaraciones sobre el "recurso contencioso electoral" intentado, era obvio que el Sr. Maduro no había intentado un recurso contencioso electoral de los regulados en el ordenamiento jurídico venezolano, ya que, en efecto, conforme a las normas que el propio Sr. Maduro citó en su Rueda de Prensa ante los Corresponsales Internacionales el 31 de julio de 2024,[110] la Sala Electoral solo tiene competencia como Jurisdicción Electoral creada conforme al artículo 297 de la Constitución y reafirmada en el artículo 197 de la Ley

---

[110] Video disponible en: https://www.youtube.com/watch?v=ZB1sD8u-8V8.

Orgánica de los Procesos Electorales, para conocer de la "impugnación" de los actos emanados del Consejo Nacional Electoral, como lo indica el artículo 202 de la misma Ley Orgánica, y más precisamente, de los recursos "contra los actos, omisiones o actuaciones del Consejo Nacional Electoral" (art. 213); debiendo regirse el recurso contencioso electoral que existe, conforme al artículo 214, por "las disposiciones de la Ley Orgánica del Tribunal Supremo de Justicia en todo lo no previsto" por aquella. Como lo ha resumido la profesora Daniela Urosa, la justicia contencioso-electoral tiene por finalidad,

> "el control judicial de los actos y actuaciones de contenido electoral y la protección de los derechos e intereses de los ciudadanos en el marco de procesos electorales y de relaciones jurídicas de naturaleza electoral. [...] La justicia electoral es el custodio final del ciclo electoral: cualquier falla en las condiciones de integridad electoral pueden y deben ser restablecidas por la justicia electoral."[111]

A tal efecto, dicha Ley Orgánica del Tribunal Supremo de Justicia, es precisa al atribuir a la Sala Electoral en su artículo 27, exclusivamente, las siguientes competencias:

> "1. Conocer las demandas contencioso electorales que se interpongan contra los actos, actuaciones y omisiones de los órganos del Poder Electoral, tanto los que estén directamente vinculados con los procesos comiciales, como aquellos que estén relacionados con su organización, administración y funcionamiento.
>
> 2. Conocer las demandas contencioso electorales que se interpongan contra los actos de naturaleza electoral que

---

[111] Véase Daniela Urosa Maggi, "Justicia electoral y autoritarismo judicial electoral en Venezuela," en *Revista Electrónica de Derecho Administrativo Venezolano* N° 14/2018, pp. 319, 320.

emanen de sindicatos, organizaciones gremiales, colegios profesionales, organizaciones con fines políticos, universidades nacionales y otras organizaciones de la sociedad civil.

3. Conocer las demandas de amparo constitucional de contenido electoral, distintas a las atribuidas a la Sala Constitucional."

La Ley Orgánica del Tribunal Supremo, además, precisa las normas procesales básicas aplicables en el procedimiento contencioso electoral, en particular, para que la demanda pueda admitirse, y que son: que el recurso tiene que intentarse por alguna persona que tenga interés legítimo en interponer la demanda contencioso electoral (art. 179); mediante escrito de demanda en la cual se debe indicar con precisión, la identificación de las partes y tiene que contener una narración circunstanciada de los hechos que dieron lugar a "la infracción que se alegue y de los vicios en los que haya incurrido el supuesto agraviante" (Art. 180).

Es decir, necesariamente tiene que haber una infracción o violación de ley que debe denunciarse, con indicación de sus previsiones, y tiene que haber un órgano que se denuncie como supuesto infractor o agraviante que haya cometido la infracción denunciada, que en los términos del artículo 184 de la misma Ley Orgánica sería el "ente u órgano demandado."

Ninguna de estas previsiones legales se respetó en el caso de la presentación formulada por el "hombre de leyes" Sr. Maduro, declarado como presidente electo en forma contraria a la Ley, tal como quedó en evidencia de la explicación que les hizo verbalmente a los miembros de la Sala Electoral al momento de la presentación del recurso, como quedó grabado en el video respectivo, al indicar que acudía ante la misma:

"como Jefe de Estado, Presidente de la República, para presentar un recurso contencioso electoral en base a la Constitución, a la Ley Orgánica de los procesos Electorales y la Ley Orgánica del Tribunal Supremo de Justicia, para que esta Sala Electoral se aboque de inmediato a revisar todo el proceso electoral, todo el evento electoral, y pida al Consejo Nacional Electoral todos los elementos d prueba del ataque cibernético, pida todas las actas, revise todo el procedimiento, convoque a todos los candidatos presidenciales, a todos los partidos políticos, y le puedo decir, que el Gran Polo patriótico y el Partido Socialista de Venezuela, a quien también represento, está listo para consignar las originales de las verdaderas actas, mesa por mesa, cuando sea requerido."[112]

La Ley Orgánica del Tribunal Supremo de Justicia es enfática en indicar que "el incumplimiento" los extremos que se indican como condición para la admisibilidad de los recursos contencioso electorales, "provocará la inadmisión de la demanda" (Art. 181). Estas previsiones solas debieron ser suficientes para declarar la inadmisibilidad del supuesto "recurso contencioso electoral" interpuesto por el Sr. Maduro, sin identificar la "otra" parte del proceso, sin indicar infracción de ley alguna, ni de agravio alguno en su contra, y sin indicar quién podría haber sido el supuesto agraviante, de un agravio que no se indicó. De hecho, precisamente por estas circunstancias en la decisión No. 25 sobre la admisibilidad del recurso, no hubo, conforme lo exige el artículo 186 de la ley Orgánica, orden alguna de "citación del demandado," ni se ordenó "emplazar a los interesados por medio de un cartel."

Es decir, como lo observaron los profesores miembros de la Cátedra de Derecho Constitucional de la Universidad Central de Venezuela, en definitiva:

"9. […] la Sala Electoral, procedió a admitir un recurso de fecha 31 de julio de 2024, presentado por Nicolás Maduro Moros, con ese especifico petitorio y sin atacar acto alguno, por una simple razón: El único acto emitido por el

---

[112] Disponible en: https://www.youtube.com/watch?v=kTgmrywjTmA.

Consejo Nacional Electoral había sido y es la propia proclamación del accionante; y se hizo en forma anticipada al escrutinio total de las actas ya que, según el informe de resultados presentado por el presidente del Consejo Nacional Electoral (CNE) Elvis Amoroso el mismo día de la elección, reflejaba solo el 80% de las actas existentes.

14. Desde una perspectiva del Derecho Constitucional y el Derecho Administrativo venezolano, no existe un recurso dirigido a "iniciar el proceso de investigación y verificación para certificar de manera irrestricta los resultados del proceso electoral realizado el 28 de julio de 2024", sin que tal ejercicio procedimental constituya una usurpación de las atribuciones del Consejo Nacional Electoral como ente rector del Poder Electoral. Asimismo, en el expediente AA70-E-2024-000034 de la Sala Electoral del Tribunal Supremo de Justicia se desarrolla un proceso que no puede ser calificado como recurso contencioso electoral."[113]

Como igualmente lo ha reafirmado Andrés Guerrero:

"La Sala Electoral del TSJ, no ha llevado a cabo el procedimiento previsto para el recurso contencioso electoral previsto en el capítulo V de la Ley Orgánica del Tribunal Supremo de Justicia vigente. Ha optado por crear uno distinto, que contradice la naturaleza contenciosa de la jurisdicción electoral, e invade parcelas de competencias expresamente establecidas al Poder Público Electoral por la Constitución. Por lo que además de usurpar funciones, viola el principio de legalidad."[114]

---

[113] Disponible en: https://efectococuyo.com/politica/catedra-de-derecho-constitucional-de-la-ucv-sala-electoral-usurpa-funciones-del-cne/.

[114] Véase Andrés Guerrero, "El Tribunal Supremo de Venezuela es una marioneta de Maduro," en *El Debate*, 21 de agosto de 2024, disponible en: https://www.eldebate.com/internacional/20240820/andres-guerrero-prestigioso-jurista-tribunal-justicia-marioneta-maduro_221318.html;

En sentido coincidente argumentó Luis Lander, director del Observatorio Electoral Venezolano, indicando que "La Sala Electoral del Tribunal Supremo de Justicia no puede usurpar funciones que son del CNE, quien tiene que dar esa información detallada es el CNE."[115]

Por ello, ante el irregular e inconstitucional "proceso" judicial que se inició ante la Sala Electoral, el Sr. Edmundo González Urrutia, la Sra. María Corina Machado y la Plataforma Unitaria, en *Comunicado* publicado el 21 de agosto de 2024, es decir, 20 días después de iniciado dicho proceso expresaron, con razón, lo siguiente:

"El Consejo Nacional Electoral (CNE) debe hacer valer lo que el pueblo ordenó y cumplir y hacer cumplir la Constitución y las leyes. Como hemos reiterado en distintas comunicaciones, la Sala Electoral del Tribunal Supremo de Justicia (TSJ) no puede atribuirse las funciones y facultades del órgano electoral, pues no le competen.

El CNE es el órgano constitucionalmente obligado a totalizar los votos de los venezolanos y a publicar las actas de escrutinio de esos votos. Sin embargo, contrariando el artículo 146 de la Ley Orgánica de Procesos Electorales (LOPRE), esa institución no cumplió con los lapsos previstos y se ha negado a presentar los resultados de cada mesa electoral.

La Sala Electoral del TSJ no está facultada en circunstancia alguna para ejercer esas funciones. De hacerlo,

---

y en *El Nacional*, 21 de agosto de 2024, disponible en: https://www.elnacional.com/opinion/el-tribunal-de-justicia-es-una-marioneta-de-maduro/ .

[115] Véase en "Observatorio Electoral Venezolano: El Tribunal Supremo de Justicia no puede usurpar las funciones," en *El Nacional*, 20 de agosto de 2024, disponible en: https://www.elnacional.com/venezuela/observatorio-electoral-venezolano-el-tribunal-supremo-de-justicia-no-puede-usurpar-las-funciones-del-cne/.

estaría violando el principio de separación de los Poderes Públicos, claramente establecido en fondo y forma en la Constitución. Estaría, además, invadiendo el exclusivo deber del CNE y pisoteando la decisión del pueblo expresada en las urnas.

Conforme a nuestra Constitución, sería ineficaz y nula toda eventual sentencia de la Sala Electoral que pueda validar el fraude electoral que se pretende imponer. Los magistrados de dicha Sala estarían violando los derechos inalienables de los electores e incurrirían en responsabilidad penal, civil y administrativa. A tal efecto, tal y como reza el artículo 138 de nuestro texto constitucional: "Toda autoridad usurpada es ineficaz y sus actos son nulos".

Los venezolanos conocemos los resultados electorales del 28 de julio, aunque hasta el día de hoy, más de tres semanas después de los comicios, el CNE no ha publicado los resultados y no ha cumplido con el desarrollo de pautas de verificación y control. Es inconcebible que el organismo electoral haya hecho anuncios de resultados, así como una proclamación, sin ofrecer las pruebas que nosotros sí tenemos y hemos puesto a disposición de los venezolanos y el mundo. Exigimos transparencia y cumplimiento estricto al Estado de Derecho. No aceptaremos la judicialización del cambio democrático que el pueblo decidió."[116]

Ello mismo ya lo había manifestado el Sr. Edmundo González el 7 de agosto cuando fue convocado a participar en el "proceso judicial" inventado por la Sala Electoral, en el sentido de señalar que:

"Las atribuciones constitucionales y legales del Poder Electoral están siendo desconocidas y han sido incumplidas de manera flagrante (art. 293 de la Constitución y 33, entre

---

[116] Texto disponible en https://x.com/ConVzlaComando/status/1826262361747165433

otros, de la Ley Orgánica del Poder Electoral). El Consejo Nacional Electoral (CNE) no ha llevado a cabo las tareas que le corresponden en relación con el proceso comicial dirigido a elegir al Presidente de la República para el periodo 2025-2031.

No se ha producido debidamente una totalización oportuna y basada en actas de escrutinio puestas a disposición de las organizaciones políticas y candidatos participantes, ni se han realizado todas las auditorías ordenadas por la normativa vigente.

El CNE no ha producido aún un resultado de las elecciones presidenciales conforme a la Constitución y a la ley. Es función del CNE garantizar la transparencia y confiabilidad de los procesos electorales, lo cual solo ocurrirá una vez que se hagan de conocimiento público auténticas actas de escrutinio. Los testigos de organizaciones políticas participantes han puesto a disposición de la candidatura que represento copias de actas que evidencian mi triunfo en las elecciones presidenciales. Debe efectuarse una verificación confiable con presencia de testigos de las organizaciones políticas y candidatos y de observadores nacionales e internacionales."[117]

V. EL ITER PROCESAL DEL RECURSO CONTEN-CIOSO ELECTORAL INEXISTENTE Y SECRETO Y LA SECUELA DE SENTENCIAS NULAS, POR INMOTIVADAS, QUE SE DICTARON

Ahora bien, a pesar de que el "recurso contencioso electoral" intentado por el Sr. Maduro no exista en el ordenamiento jurídico venezolano, la Sala Electoral lo admitió mediante

---

[117] Véase el texto de la comunicación de Edmundo González al rechazar asistir el proceso que se desarrolló ante la Sala Electoral de fecha 7 de agosto de 2024, en su cuenta X, disponible en: https://x.com/Edmundo GU/status/1821149149120569366/photo/2

sentencia No. 25 dictada en fecha 1° de agosto de 2024, dando así inicio a un proceso judicial secreto, del cual solo se conoce que supuestamente tuvo su origen en un "recurso contencioso electoral," cuyo texto escrito y objeto se desconoce; proceso cuyo "expediente" nadie ha visto físicamente y que tiene por número el 000034; que únicamente tiene como "partes" al "Presidente Constitucional de la República Bolivariana de Venezuela Nicolás Maduro Moros, titular de la cédula de identidad número V- 5. 892.464, representado por el ciudadano Procurador General de la República, Reinaldo Enrique Muñoz Pedroza, inscrito en el Inpreabogado bajo el número 96.868."

Es decir, un proceso judicial sin parte demandada, y que se desarrolló sin que nadie conociera ni hubiera tenido acceso a sus actas, al punto de que las decisiones o sentencias que en el mismo se dictaron no se publicaron, y solo se conoció de ellas, por los avisos o resúmenes de las mismas, su parte dispositiva pero no su motivación; y sin motivación las sentencias dictadas son nulas (arts. 243.4 y 244 del Código de Procedimiento Civil), tal como se publican en la página web del Tribunal Supremo de Justicia, la cual, por lo demás, en general permaneció caída desde que el procedimiento se inició.

Hay que recordar que conforme al artículo 257 de la Constitución los procedimientos en los procesos judiciales deben ser públicos, lo que reitera el artículo 24 del Código de Procedimiento Civil, al agregar que "los actos del proceso serán públicos," pudiéndose proceder "a puertas cerradas cuando así lo determine el Tribunal por motivo de decencia pública", lo cual no ocurrió en este caso, por no darse supuesto alguno que la motivase vinculado con la moralidad y buenas costumbres.[118]

---

[118] La definición general de decencia apunta en el ámbito del colectivo social, al "aseo, compostura y adorno correspondiente a cada persona o cosa, a la moralidad establecida, y a las denominadas buenas costumbres, y tradicionalmente aplicado a aspectos relacionados con la sexualidad.

Y es que no puede considerarse como público un proceso donde las actas son secretas, a pesar de que sus "audiencias," lectura parcial de decisiones y visitas *in situ* a dependencias, con peritos enmascarados, se publicitasen parcialmente a través de algunos medios audiovisuales.

1. ***Primera decisión de la Sala Electoral sobre la admisibilidad de un supuesto recurso contencioso electoral (Sentencia No. 25 de 1 de agosto de 2024)***

La primera "sentencia" en el procedimiento fue la indicada No. 25 dictada en fecha 1 de agosto de 2024, mediante la cual, la Sala Electoral adoptó la siguiente decisión de admisibilidad:

"Sobre la base de los razonamientos efectuados, esta Sala Electoral del más alto Tribunal del país, administrando justicia en nombre de la República por autoridad de la Ley y de conformidad con las facultades constitucionales y legales que le están atribuidas, declara:

1.- Que es *competente, acepta y asume el recurso contencioso electoral* presentado en fecha 31 de julio de 2024, por el ciudadano Presidente Constitucional de la República Bolivariana de Venezuela Nicolás Maduro Moros, titular de la cédula de identidad número V- 5. 892.464, representado por el ciudadano Procurador General de la República, Reinaldo Enrique Muñoz Pedroza, inscrito en el Inpreabogado bajo el número 96.868.

2.- Se *admite, se aboca e inicia el proceso de investigación y verificación para certificar de manera irrestricta los resultados del proceso electoral realizado el 28 de julio de 2024*, solicitado por el ciudadano Presidente Constitucional de la República Bolivariana de Venezuela Nicolás Maduro Moros mediante el presente recurso contencioso electoral. En consecuencia, se convoca a los ciudadanos: Nicolás Maduro Moros, Luis E. Martínez, Edmundo González, Daniel Ceballos, Antonio Ecarri, Benjamín Rausseo, Enrique Márquez, José Brito, Javier Bertucci,

Claudio Fermín, en su carácter de Candidatos en el proceso de elección Presidencial celebrado el 28 de julio de 2024, para que comparezcan *intuitu personae*, a esta Sala Electoral del Máximo Tribunal de la República, el día viernes 02 de agosto de 2024 a las dos de la tarde (2:00 p.m).

Esta Sala Electoral del Tribunal Supremo de Justicia de la República Bolivariana de Venezuela, asume el compromiso con la Paz, la Democracia, y en procura del orden Constitucional de la República, garantizando que la voluntad de las electoras y los electores reciba una efectiva y oportuna tutela judicial."

Se observa de este extracto o resumen, primero, que se trató de una decisión adoptada según "los razonamientos efectuados" los cuales sin embargo no se conocen, y nada se informó sobre ellos, con lo que se confirma que se trató de un procedimiento impreciso y nada transparente; y que la admisión del supuesto recurso se hizo "de conformidad con las facultades constitucionales y legales que le están atribuidas", pero sin identificar las previsiones de la Constitución o de las leyes que pudieran dar cabida al procedimiento, previsiones que por supuesto no existen, y que la Sala no podía decir que ignoraba cuales podrían ser.

Como lo observó *Acceso a la Justicia*, al desconocerse el texto completo del auto de admisión dictado:

"llama la atención la desnaturalización de la acción judicial presentada por el primer mandatario venezolano. Puede notarse que el propósito para el cual utiliza el recurso contencioso electoral el Presidente es ajeno a la esencia jurídica contemplada por el legislador en la Ley Orgánica de Procesos Electorales (LOPRE).

El recurso contencioso electoral es un medio judicial que sirve para impugnar los actos (normativos o no), actuaciones materiales (vías de hecho) y abstenciones u

135

omisiones del CNE, conforme a lo dispuesto en el artículo 213 de la Ley Orgánica de Procesos Electorales (LOPRE), por lo que su ejercicio por parte del Presidente para obtener una verificación de los resultados electorales de la contienda en la que él fue proclamado vencedor, está al margen de la finalidad legal, violándose el principio de legalidad teleológica (artículo 137 CRBV).

Es de destacar que, al admitir esa pretensión, también la SE delata una evidente parcialidad, premiando lo que no podemos calificar de desconocimiento sino de favorabilidad a una de las partes, en franca violación al principio de igualdad procesal (artículo 21 CRBV).

Está claro que el recurso contencioso electoral está concebido para ejercer el control judicial de los procesos electorales, y en especial como una acción para restablecer las situaciones jurídicas subjetivas lesionadas por el CNE. Es arbitrario, entonces, a la luz del mencionado postulado legal, que el Presidente ejerza esta acción para constatar los resultados de una elección en la que él tiene una posición favorable, y sobre todo demandar una tutela judicial en el momento que la solicita, ya que él fue para el CNE el vencedor del proceso celebrado el 28 de julio, y por ende proclamado como tal."[119]

Por otra parte, ante esta decisión de anunciar la convocatoria a los candidatos presidenciales a que comparecieran ante la Sala Electoral, sin expresar motivación alguna ni informar en qué carácter se formulaba, el candidato presidencial, Enrique Márquez, quien en el pasado había sido miembro del Consejo Nacional Electoral, expresó lo siguiente:

---

[119] Véase *Acceso a la Justicia*: "Se admite recurso presentado por el Presidente para la "certificación" de los resultados de las elecciones presidenciales," 1 de agosto de 2024, disponible en: https://accesoala justicia.org/se-admite-recurso-presentado-por-el-presidente-para-la-certificacion-de-los-resultados-de-las-elecciones-presidenciales/.

"1. Me enteré por las redes sociales de esa presunta citación. A mi no me llegó ningún alguacil de la Sala Electoral con una citación donde me diga que estoy citado, ni que me dijera la hora de la reunión, ni me dijera cual es el objeto de la reunión. Ni se me entregó copia del presunto recurso ejercido por el Presidente de la República. Se dice que hay un recurso pero que nadie ha visto.

2. Esta es una cita a ciegas, con un alto grado de opacidad y sin ninguna transparencia. No sé si fui citado como investigado, como imputado, como testigo, como experto. No sé en calidad de que voy a esa cita. La Sala Electoral no me lo dijo.

3. No sé si debo asistir acompañado de un abogado porque nadie me lo informó. Todo es opaco en esa citación. En todo caso manifiesto al país que asistiré en mi condición de candidato y me haré parte en ese proceso en mi condición de ciudadano venezolano que apuesta a la transparencia del proceso electoral del pasado 28 de julio.

4. Asistiré y dejaré constancia de la falta de transparencia de la citación, me daré por citado formalmente, solicitaré me sea entregada copia del recurso, copia del auto de admisión, y de las pruebas que hubieran sido presentadas y, pediré me sea concedido un plazo prudencial para presentar mi opinión frente al fondo del recurso planteado.

5. Solicitaré que se me tenga como parte en el recurso en mi condición de tercero interesado en el recurso y que se me conceda un plazo para presentar mis alegatos de fondo frente al recurso, pediré que se me explique cuál será el procedimiento que aplicará la sala para tramitar y sustanciar el recurso. Este es un recurso sorprendentemente atípico que debe tener un procedimiento.

6. Dejaré constancia de lo atípico del recurso llamado contencioso electoral donde aparentemente no se impugna

ningún acto electoral, desnaturalizando el recurso contencioso electoral regulado en la ley.

7. Dejaré claro que existe en el país un estado de alarma y conmoción nacional cuando el Presidente del Consejo Nacional Electoral nos informó a todos los venezolanos que el sistema de trasmisión de datos había sido hackeado, quitándole confiabilidad y transparencia al sistema de transmisión de datos. que sirvió de base para proclamar a un candidato mediante una transmisión de datos que no era confiable porque fue hackeada.

8. Ratifico que asistiré sin abogados lo que viola el derecho a la asistencia jurídica que me garantiza el artículo 49 de la Constitución y que presentará posteriormente mis alegatos de fondo sobre el recurso.

9. Ratifico que el sistema republicano que se ha dado la nación en la Constitución de 1.999 tiene su columna central en el sufragio que la ejerce el pueblo en ejercicio de la Soberanía Popular, la cual según opinión del Presidente del CNE habría sido hackeada.

10. Ratificaré la necesidad imperiosa de que el CNE en cumplimiento de sus obligaciones constitucionales, publique de forma inmediata las actas de escrutinio de cada una de las mesas electorales que funcionaron el pasado 28 de julio, y con esto abone el camino de la paz para todos los venezolanos. Es el momento crucial para que nuestras instituciones funcionen apegadas a la Constitución de la República Bolivariana de Venezuela."[120]

En todo caso, de acuerdo con la decisión del 1 de agosto, y con base en la "convocatoria" pública que se hizo para que comparecieran los candidatos presidenciales ante la Sala Electoral, el 2 de agosto se realizó en la misma una "audiencia"

---

[120] Disponible en: https://x.com/ENRIQUEMARQUEZP/status/1819420779051675825

para recibir los convocados. Concluida la audiencia, los convocados formularon declaraciones a los medios de comunicación, entre las cuales se destacan en particular las siguientes:

La declaración de Enrique Márquez, en la cual expresó:

"no sé de qué se trata esto; la Sala Electoral admite un recurso contencioso electoral del presidente de la república que fue declarado ganador por el Consejo Nacional Electoral. ¿contra qué concurre el presidente de la república? ¿contra su propia proclamación? La sala electoral admite un recurso contencioso electoral y permite que nos demos por notificado, sin conocer el recurso.

Debo informarle al país que me negué a firmar el acta de notificación porque no me siento notificado de nada; la notificación tiene que venir acompañada de recursos, de las razones por las cuales se me incluye una convocatoria, de tal manera que me voy como vine: sin saber exactamente de qué se trata esto.

[…] aprovecho la majestad del Tribunal Supremo de Justicia para desde acá exigirle al Consejo Nacional Electoral que se ponga derecho y publique los resultados electorales que soportan el boletín número uno y el boletín número dos producido el día de hoy mediante el cual ofrece los resultados. No hay otra forma y espero que este este asunto de hoy que no sé exactamente qué es, en la Sala Electoral no sea utilizado para que el Consejo Nacional Electoral se esconda bajo las togas de los magistrados y no dé el frente a la situación que se le está planteando en el país, que es una situación muy clara, que lo entiende el país y lo entiende el mundo: las actas son fundamentales, son fundamentales para la transparencia, son fundamentales para la paz."[121]

La declaración de Ecarri, en la cual expresó:

"hemos acudido aquí y hemos consignado ante la Sala Electoral nuestras observaciones muy firmes con relación a este proceso inédito en la historia contemporánea de Venezuela. Tenemos severas observaciones frente a este procedimiento: primero, les confieso que no sé en qué condición fui citado, si fue como testigo, si como experto, como parte; porque aquí quien está escurriendo el bulto es el Consejo Nacional Electoral. […] en todas mis redes sociales van a ver el documento que acabamos de consignar con las observaciones frente a este proceso que todavía no entiendo para qué está: ¿es un proceso de certificación de actas?; ¿es un proceso de qué."[122]

2. Segunda decisión del proceso: prejuzgando sobre lo alegado por el "recurrente" la Sala solicitó instrumentos al Consejo Nacional Electoral (Sentencia No. 26 de 2 de agosto de 2024)

Concluida la audiencia antes mencionada, la segunda sentencia secreta que se anunció se habría dictado en el proceso, fue la sentencia No. 26 de 2 de agosto de 2024, indicándose nuevamente como "Partes" al "Presidente Constitucional de la República Bolivariana de Venezuela Nicolás Maduro Moros," y en la cual la Sala Electoral en primer lugar, había resuelto:

"Solicitar al Consejo Nacional Electoral consigne dentro del lapso de tres (3) días de despacho a partir de la notificación de la presente decisión, ante esta Máxima

---

121 Declaraciones disponibles en: https://www.youtube.com/watch?v=i71 spV7G9FE.

122 Declaraciones disponibles en: https://www.youtube.com/watch?v=i71 spV7G9FE.

Instancia, los siguientes instrumentos relacionados con el proceso de Elecciones Presidenciales del 28 de julio de 2024: Actas de Escrutinio de las Mesas Electorales a nivel nacional; Acta de Totalización Definitiva del proceso eleccionario; así como el Acta de Adjudicación y el Acta de Proclamación del indicado proceso."

Es decir, la Sala fue específica en señalar que requería del Consejo Nacional Electoral, la totalidad de las más de 30 mil Actas de Escrutinio de las Mesas Electorales a nivel nacional, donde debía constar la votación del 28 de julio de 2024; y además, el Acta de Totalización Definitiva del proceso eleccionario; el Acta de Adjudicación y el Acta de Proclamación del Sr. Maduro en el indicado proceso.

La segunda decisión, fue la siguiente:

"Asimismo, toda vez que *constituye un hecho público, notorio y comunicacional* el ataque cibernético denunciado contra el sistema informático del Consejo Nacional Electoral, como impedimento a la oportuna transmisión de los resultados electorales; igualmente se le solicita al Máximo Órgano Comicial, todos los elementos de prueba asociados con tal evento."

Esta decisión fue en sí misma una ilegalidad procesal inusitada, al adelantar opinión judicial sobre uno de los temas sujetos a decisión, dando *ab initio* por probado que supuestamente se habría producido un "ataque cibernético" contra el sistema informático del Consejo Nacional Electoral," y que el mismo habría sido supuestamente el "impedimento a la oportuna transmisión de los resultados electorales." Esta calificación, como lo observó Acceso a la Justicia:

"debía hacerla el tribunal al momento de valorar las pruebas, y no antes, como lo hizo, sobre todo cuando inicia la recopilación de las actas del proceso electoral, por lo que se parcializa con el accionante, es decir, el Presidente de la República."[123]

Además, la sentencia agregó que se solicitaba de dicho Consejo que consignase "todos los elementos de prueba asociados con tal evento," sin duda contradictoriamente, puesto que ya había dado supuestamente por probado dicho hecho.

Por supuesto, el haber calificado al supuesto ataque cibernético, como un "hecho público, notorio y comunicacional" fue un gravísimo error judicial, ya que el mismo había sido desmentido incluso por observadores internacionales que presenciaron la transmisión de datos, lo que impedía que pudiera considerarse como tal conforme a la jurisprudencia de la Sala Constitucional del Tribunal Supremo.

Esta afirmación de la Sala Electoral obligaba a sus magistrados a inhibirse del conocimiento del asunto por haber manifestado su opinión sobre el asunto sobre el cual había comenzado a conocer.

Con todo lo anterior, como lo observó *Acceso a la Justicia,* había quedado:

> "en evidencia el uso desviado de este proceso, toda vez que el Presidente no pretende el control judicial de los actos u omisiones del CNE, sino la verificación de unos resultados electorales ya anunciados por el árbitro electoral que lo dan por ganador de los comicios, lo que no entra en el ámbito de las competencias del poder judicial."[124]

---

[123] Véase *Acceso a la Justicia*, "se solicita al CNE presentar las actas de escrutinio, de totalización, adjudicación y proclamación de las elecciones del 28 julio," 2 de agosto de 2024, disponible en: https://accesoalajusticia.org/se-solicita-al-cne-presentar-las-actas-de-escrutinio-de-totalizacion-adjudicacion-y-proclamacion-de-las-elecciones-del-28-jul/.

[124] *Idem.*

3. Tercera decisión de la Sala Electoral decidiendo iniciar un "proceso de peritaje" que no existe (Sentencia No. 27 de 5 de agosto de 2024)

La tercera sentencia dictada por la Sala Electoral en el caso fue la sentencia No. 27 del 5 de agosto de 2024, igualmente secreta, porque tampoco fue publicada, y de la cual solo se conoció el aviso publicado en la página web del Tribunal Supremo, y que consistió en lo siguiente:

Primero, en informar que conforme a "la solicitud" que formuló la Sala al Consejo Nacional Electoral, "en la presente causa" el 2 de agosto de 2024, "para la consignación de los instrumentos electorales relacionados con el proceso electoral celebrado el 28 de julio de 2024," es decir, como anteriormente se dijo, las "Actas de Escrutinio de las Mesas Electorales a nivel nacional; Acta de Totalización Definitiva del proceso eleccionario; así como el Acta de Adjudicación y el Acta de Proclamación del indicado proceso," la Sala dejó "constancia de haberse recibido todos los recaudos solicitados, por parte del Consejo Nacional Electoral, dando cumplimiento así a la orden judicial."

Es decir, se deduce de esto que el Presidente del Consejo Nacional Electoral supuestamente habría consignado todas las Actas de Escrutinio de las más de 30 mil Mesas de Votación, lo cual era en volumen mucho más grande de lo que puede caber en una carpeta con algunos documentos, que fue lo único que consignó dicho funcionario en la audiencia ante la Sala Electoral, según se evidenció del video de la trasmisión de la misma.[125]

---

[125] Luego, se confirmó *ex post facto*, que poco había sido consignado físicamente por el Consejo Nacional Electoral ante la Sala Electoral, por el hecho de que fueron sus magistrados quienes en el proceso de "peritaje" se trasladaron a la Sede del Consejo Nacional Electoral a verificar el material que allí estaba "en custodia".

Para la comparecencia de los otros citados, la Sala decidió que fuera *"intuitu personae"* a los representantes de los "partidos políticos y de los candidatos" (posiblemente para que no comparecieran sus abogados sino ellos personalmente) "para la debida consignación de todos los instrumentos electorales que se encuentren en posesión" de los mismos acordando que "deberán consignar la información requerida y responder las preguntas que les formule este Órgano Jurisdiccional en relación con la presente causa," estableciendo para ello un cronograma indicando día, horas y las personas, con nombre y apellido, que debitan comparecer.[126]

Como consecuencia, la Sala ordenó "la citación de los referidos ciudadanos, y advirtió que la falta de comparecencia ante esta Sala acarrearía las consecuencias previstas en nuestro ordenamiento jurídico vigente," "sin especificar a cuáles consecuencias se refiere, situación que también vulnera el derecho a la defensa de quienes han sido citados." Por otra parte, no se indicó, sin embargo, en que carácter estaban citadas todas esas personas en la "causa," si como partes, como testigos, como peritos, o como qué.[127]

---

[126] Sobre ello con razón, el Editorial de Analítica de fecha 8 de agosto de 2024, indicaba que: "Más allá de cualquier consideración legal sobre la materia, es inaudito que siendo el Consejo Nacional Electoral el portador de todas las actas y el encargado de publicar los resultados electorales completos, en lo que ha fallado evidentemente, se pretenda que los actores políticos lleven esos documentos al alto tribunal." Véase "Las benditas Actas," *Analítica.com*, 8 de agosto de 2024, disponible en: https://www.analitica.com/el-editorial/las-benditas-actas/.

[127] Véase *Acceso a la Justicia*, "Sala Electoral inicia proceso de peritaje del material electoral y cita a excandidatos y representantes de partidos," 5 de agosto de 2024, disponible en: https://accesoalajusticia. org/sala-electoral-inicia-proceso-de-peritaje-del-material-electoral-y-cita-a-excandidatos-y-representantes-de-partidos/.

Lo que es necesario dejar precisado, en todo caso, es que en el "ordenamiento jurídico" no hay ninguna consecuencia para la no atención a esta "invitación" que la Sala hizo a unos ciudadanos para que acudieran al Tribunal con unos recaudos. Ellos, conforme al ordenamiento jurídico, no tenían obligación alguna de comparecer, y su no atención a la "citación" no tenía consecuencias jurídicas alguna. Hay que recordar que en ninguna fase del bizarro "proceso de peritaje" inventado por la Sala, esas personas se habían identificado como "partes" y menos como "partes demandadas." Tampoco habían sido "citados" como testigos, para hacer evacuar de oficio una "prueba testimonial," y si así hubiese sido no habrían tenido obligación alguna de comparecer y menos de consignar recaudo o documento alguno. Y, por supuesto, en el caso, no se trataba de que se hubiese dictado algún mandamiento de amparo, que es el único caso en el cual conforme al ordenamiento jurídico podría darse la figura del "desacato" con consecuencias sancionatorias de orden penal. De manera que la "amenaza" de la Sala de que "la falta de comparecencia ante esta Sala acarreará las consecuencias previstas en nuestro ordenamiento jurídico vigente," no pasó de ser eso, una amenaza, pero sin consecuencias jurídicas.

Segundo, en la decisión No. 27 de agosto, la Sala resolvió que "siendo de trascendencia Nacional y de orden público la presente causa," la Sala Electoral dio inicio:

> "al *proceso de peritaje* del material consignado por un lapso de hasta quince (15) días, prorrogables; para lo cual hará uso de todos los mecanismos disponibles en nuestro ordenamiento jurídico en tal propósito."

Por supuesto, ni en la Ley Orgánica de los Procesos Electorales ni en la Ley Orgánica del Tribunal Supremo de Justicia se regula la existencia de una "causa" judicial, es decir, de un "proceso judicial" que solo tenga *una parte* solicitante, y menos aún que el objeto de la "causa" sea llevar adelante "un *proceso de peritaje*" sobre material electoral.

No debe olvidarse que, conforme a la definición más general, el "peritaje judicial" es "la labor de investigación, análisis y valoración realizado por profesionales especializados aprobados por el juez." Es decir, es una actividad probatoria que se tiene que realizar por "peritos judiciales" que necesariamente tendrían que ser profesionales especializados que el juez debe aprobar. En este caso, no hay mención alguna sobre quienes fueron los profesionales especializados designados como "peritos judiciales," y si en su designación intervino la parte solicitante, y lo que se sabe es que fueron "peritos" cuya identidad se mantuvo en secreto, que actuaron enmascarados, y que supuestamente analizaron y verificaron "actas" que fueron secretas, pues nadie supo de ellas, lo que quedó en evidencia en los videos publicitados sobre las acciones de la Sala Electoral.[128]

---

[128] Véase por ejemplo, lo expresado por Emilia Rojas Sasse, en reportaje con representante de *Transparencia Electoral*: "Lo concreto es que no se han publicado las actas electorales, pese a la insistencia de la comunidad internacional. «Ellos tienen las actas que tiene la oposición. Recordemos que la máquina, cuando se hace el escrutinio en cada mesa, emite en formato papel un respaldo. Y las actas que tiene la oposición -el 83 por ciento- las tiene también la autoridad electoral, que no sabemos por qué nunca las mostró», subraya el fundador de Transparencia Electoral, Leandro Querido. Descarta prácticamente que se puedan publicar documentos alterados. «Es, yo diría, imposible, porque hay actas originales en poder de la oposición, que las mostró al mundo a través de una plataforma. Sería muy evidente la manipulación», dice, mencionando además los resguardos de seguridad. También Rojas destaca ese punto. «He conversado con algunas personas expertas en el sistema, y dicen que tendrían problemas si quisieran falsificar o emitir nuevas actas. Porque tendrían que desarrollar todo el proceso nuevamente. Falsificar las actas con los códigos de seguridad que tienen, incluyendo la firma de los miembros y testigos de las mesas, es imposible dentro del sistema. Fuera del sistema podrán hacer cualquier cosa. Buscar impresoras que lo hagan de la forma más precisa posible, no sé», reflexiona el politólogo

Por tanto, la creación que hizo la Sala fue absolutamente inconstitucional e ilegal. Dicho "proceso de peritaje" que la Sala calificó como "de orden público y trascendencia nacional" pero que desarrolló en secreto, con recaudos ocultos, no existe. Como lo argumentó *Acceso a la Justicia*, la Sala Electoral:

> "creó un procedimiento no establecido en la LOTSJ, que en este caso se trata de un *proceso de peritaje del material consignado por un lapso de hasta quince (15) días, prorrogables; para lo cual hará uso de todos los mecanismos disponibles en nuestro ordenamiento jurídico en tal propósito".*

Adicionalmente, la manera en que la SE está tramitando este "proceso de certificación" de los resultados electorales a través del recurso contencioso electoral que presentó el Presidente de la República, lo que hace sin ningún tipo de referencia o sustento normativo, violando el principio de legalidad previsto en el artículo 137 de la Constitución.

Lo antes expuesto configura una usurpación de funciones por parte de la SE, no solo por arrogarse las competencias del árbitro electoral, sino por asumir el rol de legislador, tras crear un procedimiento *ad hoc* para la tramitación del recurso contencioso electoral.

La Sala ha creado un procedimiento *ad hoc* desde el principio de la tramitación del expediente para lograr la *"certificación de resultados electorales"*, lo que como ya se ha señalado no es parte del objeto ni finalidad del recurso

---

venezolano," en *DW*, "Las actas secretas de maduro," en *Morfema Press*, 21 de agosto de 2024, disponible en: https://morfema.press/actualidad/las-actas-secretas-de-maduro/ Véase además, la reseña de Gabriel Peraza, "¿Quiénes son los enmascarados encargados de hacer el peritaje electoral chimbín del TSJ?," en *Morfema Press*, 20 de agosto de 2024, disponible en: https://morfema.press/actualidad/quienes-son-los-enmascarados-encargados-de-hacer-el-peritaje-electoral-chimbin-del-tsj/.

contencioso electoral que es un medio de control de legalidad de los actos, actuaciones u omisiones del CNE en materia de elecciones. [...]

Este proceso de certificación de las elecciones celebradas el pasado 28 de julio, no previsto en la LOTSJ ni en alguna otra que regule la jurisdicción contencioso electoral, denota la falta de independencia del Poder Judicial y la parcialización del TSJ a la hora de defender los intereses del partido de Gobierno"[129]

En otro lugar, con razón, *Acceso a la Justicia* observó que:

"En lugar de abrir un proceso de certificación de las elecciones del 28 de julio, lo que ha debido hacer la SE es llamar al CNE a cumplir con su obligación constitucional y legal de publicar los resultados totales y detallados de los comicios y hacer las auditorías de ley en vez de usurpar sus funciones. Si la Sala Electoral hubiera procedido conforme a la Ley, así como el CNE, sería posible despejar las dudas en relación con lo ocurrido, y no trasladar esa responsabilidad a los excandidatos y representantes de los partidos políticos, siendo que no es su obligación legal."[130]

---

[129] Véase *Acceso a la Justicia*, "Sala Electoral inicia proceso de peritaje del material electoral y cita a excandidatos y representantes de partidos," 5 de agosto de 2024, disponible en: https://accesoalajusticia. org/sala-electoral-inicia-proceso-de-peritaje-del-material-electoral-y-cita-a-excandidatos-y-representantes-de-partidos/.

[130] Véase *Acceso a la Justicia*: "Sala Electoral deja constancia de citación de excandidatos y representantes de organizaciones políticas," 6 de agosto de 2024, disponible en: https://accesoalajusticia.org/sala-elec toral-deja-constancia-de-citacion-de-excandidatos-y-representantes-de-organizaciones-politicas/.

4. Cuarta decisión de la Sala Electoral dando cuenta de las citaciones efectuadas (Sentencia No. 28 de 6 de agosto de 2024)

La cuarta sentencia dictada por la Sala Electoral en el caso fue la sentencia No. 28 del 6 de agosto de 2024, igualmente secreta, porque no se publicó, y de la cual solo se conoció el aviso publicado en la página web del Tribunal Supremo, y que consistió en lo siguiente:

Primero: dejar constancia que conforme a la decisión del 5 de agoto de 2024, "todos los representantes de los partidos políticos así como los ciudadanos que fungieron como candidatos, se encuentran debida y formalmente citados" para "la consignación de todos los instrumentos electorales de relevancia jurídica que se encuentren en posesión de los partidos políticos y de los candidatos relacionados con el proceso de Elecciones Presidenciales celebrado el 28 de julio de 2024," indicándose que debían, "cumplir con la referida orden judicial, y acudir a este Órgano Jurisdiccional, de acuerdo al cronograma publicado en esa misma fecha, el cual se ratifica" en esta decisión.

Segundo, la Sala ratificó "igualmente que la falta de comparecencia ante esta Sala acarreará las consecuencias previstas en nuestro ordenamiento jurídico vigente."

5. Quinta decisión de la Sala Electoral abocándose a un "proceso judicial de peritaje" que no existe (Sentencia No. 29 de 10 de agosto de 2024)

La quinta sentencia dictada por la Sala Electoral en el caso, fue la sentencia No. 29 del 10 de agosto de 2024, igualmente secreta, porque tampoco se publicó, y de la cual solo se conoció el aviso publicado en la página web del Tribunal Supremo. De acuerdo con la información publicada, después de dar cuenta que durante los días 7, 8 y 9 de agosto de 2024 se efectuaron las "audiencias orales de los representantes de los partidos políticos así como de los excandidatos,"[131] en la cual debían haber consignado "todos los instrumentos electorales que poseen y que fuesen de relevancia jurídica relacionados con el proceso de Elecciones Presidenciales celebrado el 28 de julio de 2024," la Sala Electoral pasó a declarar lo siguiente:

Primero: Que los miembros del Consejo Nacional Electoral comparecieron "dando cumplimiento a cabalidad con el requerimiento formulado por esta Sala Electoral del Tribunal Supremo de Justicia, al consignar oportunamente y en tiempo hábil todos los recaudos vinculados con el proceso electoral," pero que nadie supo cuáles fueron.[132]

Segundo, *Tercero*: Que fueron citados treinta y ocho (38) representantes de las organizaciones políticas y diez (10) excandidatos que participaron en los comicios presidenciales, para comparecer ante la Sala; habiendo acudido oportunamente

---

[131] Como lo ha observado *Acceso a la Justicia*: "al referirse la Sala en su decisión a 'audiencias orales' deja aún más claro que no sigue el procedimiento legal, ya que tales audiencias no están previstas en la ley de la manera en que fueron hechas y en el momento en el que se llevaron a cabo. Tampoco, la Sala se refirió a las mismas cuando citó a las personas que debían comparecer, lo que denota aún más la inseguridad jurídica de quienes están acudiendo a ese proceso y su estado de indefensión." En: "SE deja constancia de las audiencias orales realizadas y de la incomparecencia de Edmundo González," 10 de agosto de 2024, disponible en: https://accesoalajusticia.org/se-deja-constancia-de-las-audiencias-orales-realizadas-y-de-la-incomparecen cia-de-edmundo-gonzalez/.

[132] Como lo observó *Acceso a la Justicia*: "debe resaltarse que la Sala deja constancia en forma genérica de haber recibido "recaudos electorales", sin especificar qué los constituyen. Esto evidencia una manifiesta indefensión cuando no explica los documentos que posteriormente señala serán objeto de un "peritaje" y serán también parte de lo que dará como probado." En: "SE deja constancia de las audiencias orales realizadas y de la incomparecencia de Edmundo González," 10 de agosto de 2024, disponible en: https://accesoalajusticia.org/se-deja-constancia-de-las-audiencias-orales-realizadas-y-de-la-incomparecen cia-de-edmundo-gonzalez/.

las treinta y ocho (38) organizaciones políticas postulantes, consignando treinta y tres (33) de ellas el material electoral requerido; y solo nueve (9) de los candidatos presidenciales, de los cuales dos (Antonio Ecarri y Enrique Márquez) no consignaron material electoral.

Cuarto: Que se dejaba constancia que el excandidato Edmundo González Urrutia,

> "*no asistió* y por tanto *no cumplió* con la orden de citación, desacatando con su inacción el mandato de esta, la más Alta Instancia de la Jurisdicción Contencioso Electoral de la República Bolivariana de Venezuela. En consecuencia, *no cumplió* con la consignación de las actas de escrutinio, el listado de testigos ni material electoral alguno."

Debe insistirse en que el Sr. González, como ninguno de los citados, conforme al ordenamiento jurídico procesal del país, estaba obligado en forma alguna a comparecer ante la Sala ni estaba obligado a consignar ningún documento o recaudo. En este bizarro "proceso de peritaje" inventado por la Sala, ni en ningún otro proceso, puede hablarse de "mandamiento" de citación. Esa figura no existe, porque nadie tiene "obligación" de comparecer ante tribunal alguno y menos obligación de declarar nada ni de consignar nada; y en materia de citación, es simplemente un error judicial calificar la no comparecencia de un citado como supuesto "desacato," pues esta figura solo se aplica en materia de amparo constitucional a quien desacate un mandamiento de amparo.

En todo caso, por lo que se refiere al Sr. Edmundo Gonzáles Urrutia, sobre el supuesto requerimiento de su comparecencia ante la Sala Electoral, fue enfático en señalar que no comparecería ante la Sala Electoral en un mensaje a los venezolanos del día 2 de agosto de 2024, indicando lo siguiente:

> "En defensa de la voluntad popular expresada de manera contundente el pasado 28 de julio y para evitar que esa

voluntad sea desconocida, decidí no comparecer a la convocatoria efectuada ayer en la tarde para comparecer el día de hoy ante el Tribunal Supremo de Justicia.

Existen razones jurídicas concluyentes respecto de la necesidad de salvaguardar las competencias constitucionales del CNE y de que ese órgano cumpla la obligación constitucional y legal de publicar las actas de escrutinio, la totalización y las auditorías."[133]

Posteriormente, en un mensaje a los Ciudadanos enviado el 7 de agosto expresó lo siguiente:

"Por los medios de comunicación se ha difundido una pretendida citación para que yo comparezca personalmente ante la Sala Electoral del Tribunal Supremo de Justicia, a los fines de consignar material electoral y responder preguntas. Sin embargo, si llegare a acudir ante la Sala Electoral lo haría en situación de absoluta indefensión, porque el trámite adelantado por la Sala Electoral, tal como ha sido anunciado por los medios de comunicación, no se corresponde con ningún procedimiento legal contemplado en la Ley Orgánica del Tribunal Supremo de Justicia u otra ley sobre la jurisdicción electoral.

Más aún, la Sala Electoral no puede usurpar las funciones constitucionales del Poder Electoral y "certificar" unos resultados que aún no han sido producidos de acuerdo con la Constitución y la ley, con acceso de los participantes a las actas originales que sirvan de fundamento a una totalización y proclamación y con las debidas auditorías. No puede la Sala Electoral incurrir en coadministración electoral con el CNE, tal como lo ha establecido la

---

[133] Véase Edmundo González U., Cuenta X, Disponible en https://x.com/edmundogu/status/1819538505363505362?s=48&t=bAp-h-EngwlYI Vy9nCuahw.

jurisprudencia constitucional del propio Tribunal Supremo de Justicia.

Es esencial resguardar el principio de separación o división de poderes y preservar las facultades y deberes constitucionales del CNE, evitando además la desfiguración de las atribuciones de la jurisdicción electoral.

Se me cita por los medios de comunicación a una comparecencia, pero ¿En qué tipo de procedimiento se pretende que intervenga? ¿Dónde está prevista una audiencia o trámite inquisitorio ante la Sala Electoral para certificar resultados y para determinar preliminarmente la existencia de supuestas responsabilidades penales? ¿Por qué se desconocen las facultades inquisitorias del CNE, que de acuerdo con la jurisprudencia constitucional son exclusivas? ¿Qué alcance pretende tener el interrogatorio al cual quieren someterme?

El ciudadano Nicolás Maduro Moros, quien ha interpuesto un supuesto recurso ante la Sala Electoral, ha dicho públicamente, en fecha 2 de agosto de 2024, que si no comparezco incurriré en responsabilidades legales, y que, si comparezco y consigno copias de actas de escrutinio, también habrá graves responsabilidades penales. ¿Es ese un procedimiento imparcial y respetuoso del debido proceso? ¿Estoy ya condenado por anticipado?

En síntesis, si acudo a la Sala Electoral en estas condiciones estaré en absoluta vulnerabilidad por indefensión y violación del debido proceso, y pondré en riesgo no solo mi libertad sino, lo que es más importante, la voluntad del pueblo venezolano expresada el 28 de julio de 2024 y el gigantesco esfuerzo de los venezolanos y venezolanas que han participado en este proceso para que obtuviéramos evidencias del voto válidamente ejercido por la ciudadanía."[134]

Y *Quinto*: Que se dejaba constancia categóricamente.

"que los ciudadanos Manuel Rosales, representante de Un Nuevo Tiempo (UNT), José Luis Cartaya, representante de la Mesa de la Unidad Democrática (MUD) y José Simón Calzadilla, representante de Movimiento por Venezuela (MPV), todos miembros de la Alianza Plataforma Unitaria Democrática y postulantes del excandidato Edmundo González Urrutia; no consignaron material electoral alguno, argumentando que no poseen ningún tipo de documentación referida a este proceso electoral, en tal sentido, manifestaron que no tienen actas de escrutinio de los testigos de las mesas, ni listados de testigos, aduciendo además que no participaron en el proceso de traslado y resguardo de material alguno. Igualmente, señalaron que la organización SUMATE es parte del equipo asesor técnico de la Alianza Plataforma Unitaria Democrática, y a su vez desconocieron quien o quienes realizaron la carga de la información de las presuntas actas de escrutinio en la página web www. resultadospresidencialesvenezuela2024.com, la cual está siendo objeto de investigación de oficio por parte del Fiscal General de la República Dr. Tarek William Saab, quien ordenó"…abrir una investigación de carácter penal para determinar las responsabilidades del caso, ante la zozobra causada en la población por la presunta comisión de los delitos de usurpación de funciones, forjamiento de documento público, instigación a la desobediencia de las leyes, delitos informáticos, asociación para delinquir y conspiración…"

---

[134] Véase Edmundo González U., Cuenta X, Disponible en: https://x.com/ edmundogu/status/1821149149120569366?s=48&t=bAp-h-EngwlYI V9nCuahw.

Al contrario de lo que se sugiere en esta sentencia en relación con las Actas de Escrutinio de las Mesas de votación publicadas en el portal *www.resultadospresidenciales venezuela2024.com,* y en otros portales de internet, las mismas constituyen, como copias ultra publicitadas de la prueba auténtica de las votaciones, conforme a la jurisprudencia reiterada del Tribunal Supremo de Justicia en todas sus Salas, hechos públicos notorios y comunicacionales, que no requieren prueba pues están allí probados.[135]

Son documentos públicos administrativos, cuya existencia ha sido publicitada, por lo que, como lo ha dicho *Acceso a la Justicia,* la Sala con su decisión, no solo "parece no reconocer las actas que están en la página web denominada *resultados presidencialesvenezuela2024.com*" (que no son "de la oposición" sino del sistema electoral del Consejo Nacional Electoral), sino que al indicar que dicha página "está siendo objeto de investigación de oficio por parte del Fiscal General, […] la Sala adelanta opinión y no toma en cuenta esas actas ni se ocupa de

---

[135] Por ello, por ejemplo, Luis Lander del Observatorio Electoral Venezolano al explicar que usualmente en sus misiones de observación electoral, verificaban si las actas que logran recoger "coincidían o no con la información que suministraba el CNE y podíamos hacerlo porque en la página del CNE los detalles de cada una de esas actas estaban allí recogidos," agregando que, sin embargo, respecto de la elección del 28 de julio, en esta oportunidad, "claramente no podemos verificarlas y contrastarlas con las actas del CNE porque el CNE no las ha publicado. Sin embargo, sí lo hemos hecho con las actas publicadas por la Plataforma Unitaria y sí nos produce coincidencia absoluta con esas actas que nosotros escogimos." Véase en "Observatorio Electoral Venezolano: El Tribunal Supremo de Justicia no puede usurpar las funciones," en *El Nacional*, 20 de agosto de 2024, disponible en: https://www.elnacional.com/venezuela/observatorio-electoral-venezo lano-el-tribunal-supremo-de-justicia-no-puede-usurpar-las-funciones-del-cne/.

revisarlas, sino que precalifica su existencia como un presunto delito."[136]

En consecuencia, la sentencia de la Sala concluyó afirmando que "habiendo sido recolectados los instrumentos electorales de los distintos factores participantes en el proceso de Elecciones Presidenciales celebrado el 28 de julio de 2024," entonces los Magistrados de la Sala Electoral decidieron que:

"se abocan al *peritaje* de todo el material electoral de valor probatorio consignado en físico y/o digital, así como también al *peritaje* sobre el ataque cibernético masivo del que fue objeto el sistema electoral venezolano, para lo cual esta Sala contará con un personal altamente calificado e idóneo que hará uso de los más altos estándares técnicos, garantizando así esta Máxima Instancia Judicial a todos los ciudadanos y ciudadanas que resolveremos soberanamente los conflictos que competen de manera exclusiva al Estado venezolano."

Como antes se dijo, el "peritaje" no existe en el ordenamiento jurídico "como proceso judicial," y tan es así, que la Sala Electoral lo ha confesado, al fundamentar sus decisiones en los artículos 85 de la Ley Orgánica del Tribunal Supremo de Justicia y los artículos 7, 12 y 14 del Código de Procedimiento Civil.[137] El artículo 85 de la Ley Orgánica del

---

[136] Véase *Acceso a la Justicia*: "SE deja constancia de las audiencias orales realizadas y de la incomparecencia de Edmundo González," 10 de agosto de 2024, disponible en: https://accesoalajusticia.org/se-deja-constancia-de-las-audiencias-orales-realizadas-y-de-la-incomparecencia-de-edmundo-gonzalez/.

[137] Véase, por ejemplo, lo expuesto por la Presidenta de la Sala Electoral del Tribunal Supremo de Justicia en una de sus declaraciones sobre el supuesto "proceso" o "causa" en: "TSJ inició peritaje técnico a material electoral en Venezuela," en *Prensa Latina*, 15 de agosto de 2024, disponible en: https://www.prensa-latina.cu/2024/08/15/tsj-inicio-peritaje-tecnico-a-material-electoral-en-venezuela/.

Tribunal Supremo es una repetición / transcripción del artículo 257 de la Constitución que se limita a declarar que:

"El proceso constituye un instrumento fundamental para la realización de la justicia. Las leyes procesales establecerán la simplificación, uniformidad y eficacia de los trámites y adoptarán un procedimiento breve, oral y público. No se sacrificará la justicia por la omisión de formalidades no esenciales."

Esa declaración de principio sobre lo que es el proceso judicial, no puede racionalmente utilizarse como fuente de competencia de ningún juez para "inventar" procesos, y los principios que allí se definen se deben aplicar en todos los procesos que establezca la Constitución y la Ley expresamente.

Por lo demás, fundamentarse también para "inventar" un inexistente proceso de peritaje, en los artículos 7, 12 y 14 del Código de Procedimiento Civil,[138] es ignorar que los principios que en los mismos se declaran se aplican a todos los procesos o

---

[138] El artículo 7 del Código establece: "Los actos procesales se realizarán en la forma prevista en este Código y en las leyes especiales. Cuando la ley no señale la forma para la realización de algún acto, serán admitidas todas aquellas que el Juez considere idóneas para lograr los fines del mismo." El artículo 12 dispone: "12° Los jueces tendrán por parte de sus actos la verdad, que procurarán conocer en los límites de su oficio. En sus decisiones el Juez debe atenerse a las normas del derecho a menos que la Ley lo faculte para decidir con arreglo a la equidad. Debe atenerse a lo alegado y probado en autos, sin poder sacar elementos de convicción fuera de éstos ni suplir excepciones o argumentos de hecho no alegados ni probados, El Juez puede fundar su decisión en los conocimientos de hecho que se encuentren comprendidos en la experiencia común o máximas de experiencia [...]; y el artículo 14 indica: "Artículo 14° El Juez es el director del proceso y debe impulsarlo de oficio hasta su conclusión a menos que la causa esté en suspenso por algún motivo legal. Cuando esté paralizada, el Juez debe fijar un término para su reanudación que no podrá ser menor de diez días después de notificadas las partes o sus apoderados."

causas cuando han sido regulados expresamente en la Ley, atribuyendo competencias específicas a determinados jueces, y no puede juez alguno "usar" o abusar de esas normas para "inventar" un proceso judicial que no existe porque no está regulado en ley alguna, como es el mencionado "proceso de peritaje" que ha desarrollado la Sala Electoral.

Como lo ha precisado el Bloque Constitucional Venezuela. Capítulo España, en las motivaciones de un Comunicado que emitió el 20 de agosto de 2024:

"Que la Constitución Nacional prevé claramente en el artículo 49 que todo procedimiento debe estar previamente previsto en la ley y que el recurso inventado por Maduro y el írrito procedimiento avalado por la Sala Electoral no tiene asidero legal, está plagado de vicios y violaciones del debido proceso constitucional, a la igualdad de las partes, al derecho de defensa, al acceso de los elementos de prueba y alegaciones, al derecho de contradicción y prueba, y a la actuación imparcial del juez.

Que las decisiones tomadas por la Sala Electoral exceden de las facultades que el constituyente le asignó y al mismo tiempo ha usurpado las asignadas por el texto constitucional al Poder Electoral, pues ni en la Constitución ni en la Ley Orgánica del Poder Electoral, ni en la Ley Orgánica de Procesos Electorales, ni en su Reglamento, ni en la Ley Orgánica del Tribunal Supremo de Justicia, existe una figura procesal que tenga como objeto la investigación y verificación para certificar de manera irrestricta los resultados de un proceso electoral.

Que las competencias de la Sala Electoral están claramente definidas en el numeral 1 del artículo 27 de la Ley Orgánica del Tribunal Supremo de Justicia: 1. Conocer las demandas contencioso electorales que se interpongan contra los actos, actuaciones y omisiones de los órganos del Poder Electoral, tanto los que estén directamente vinculados con los procesos comiciales, como aquellos que estén relacionados con su organización, administración y funcionamiento.

Que la Sala Electoral ha usurpado las facultades de organización, administración, dirección y vigilancia de todos los actos relativos a la elección de los cargos de representación popular de los poderes públicos que corresponden al Poder Electoral conforme al numeral 5 del artículo 293 constitucional."[139]

En realidad, debe quedar claro que lo que existe en el Código de Procedimiento Civil es la experticia como medio de prueba en una causa o proceso entre partes, siendo el "peritaje judicial" una experticia que debe realizarse a cargo de profesionales especializados ("que por su profesión, industria o arte tengan conocimientos prácticos sobre la materia," art. 453 CPC),[140] que solo puede versar sobre los puntos de hecho, y que puede ser acordada y evacuada en un proceso judicial que necesariamente debe desarrollarse entre partes, sea acordada de oficio por el juez o a petición de una de las partes, en cuyo caso la parte debe indicar "con claridad y precisión los puntos sobre los cuales debe efectuarse" (art. 451 CPC). No se entiende

---

[139] Véase "Juristas aseguran que el Supremo al servicio del régimen carece de atribuciones sobre comicios," *Diario Las Américas*, 20 de agosto de 2024, disponible en: https://www.diariolasamericas.com/america-latina/juristas-aseguran-que-el-supremo-al-servicio-del-regimen-carece-atribuciones-comicios-n5362162.

[140] Sobre esto, *Acceso a la Justicia* ha destacado que "ese mismo material denominado "recaudos electorales" será examinado por un personal altamente calificado e idóneo. Para Acceso a la Justicia carece de toda garantía que la prueba sea controlada por quienes han estado involucrados en ese proceso llevado adelante por la Sala sin seguir lo establecido en la LOTSJ." En: "Se deja constancia de las audiencias orales realizadas y de la incomparecencia de Edmundo González," 10 de agosto de 2024, disponible en: https://accesoalajusticia.org/se-deja-constancia-de-las-audiencias-orales-realizadas-y-de-la-incomparecencia-de-edmundo-gonzalez/.

entonces cómo la Sala Constitucional se "abocó" a un peritaje tanto sobre el "material electoral" y sobre "el ataque cibernético masivo del cual fue objeto el sistema electoral," es decir, sobre dos hechos, de cuya existencia se daba como existente. Sobre el primer hecho, no hay duda de que existía un "material electoral," pero sobre el segundo hecho, no estaba probado que hubiera existido un "ataque cibernético masivo" contra el sistema electoral, por lo que la Sala Electoral, con esa afirmación, además, de nuevo manifestó opinión sobre lo principal de la "solicitud," dando por cierto, con esta decisión, el hecho de la ocurrencia de dicho ataque, sacando elementos de convicción antes de que hubiera habido prueba alguna, lo que obligaba a los magistrados de la Sala a inhibirse del conocimiento de este asunto (arts. 82.15 y 84 CPC).

Como lo destacaron los profesores de la Cátedra de Derecho Constitucional de la Universidad Central de Venezuela, en la sentencia la Sala hace:

> "suya la tesis de existencia de un "ataque cibernético masivo", dando por probado en forma adelantada lo que supuestamente debe ser objeto de prueba mediante el "peritaje" que acuerda. Lo que demuestra no solo la inconsistencia jurídica sino lo falaz del ejercicio lógico-argumentativo contenido en la sentencia, ante la evidente *petitio principii*."[141]

Concluyó luego la Sala su Sentencia del 10 de agosto declarando que continuaba:

> "con el peritaje iniciado el 5 de agosto de 2024, a los fines de producir la *sentencia definitiva* que dé respuesta al presente recurso, la cual tendrá carácter de cosa juzgada, por ser este órgano jurisdiccional la máxima instancia judicial en materia electoral, por lo que sus decisiones son inapelables y de obligatorio acatamiento."

---

[141] Disponible en: https://efectococuyo.com/politica/catedra-de-derecho-constitucional-de-la-ucv-sala-electoral-usurpa-funciones-del-cne/.

Y con fecha 16 de agosto de 2024, sin embargo, la Comunidad Internacional seguía reiterando la necesidad de que el Consejo Nacional Electoral concluya la totalización de votos, no siendo ello competencia del Tribunal Supremo, tal como lo expresó el alto representante de la Unión Europea para Asuntos Exteriores y Política de Seguridad, Joseph Borrell, al indicar que:

"Si los resultados no se pueden verificar, no se pueden aceptar y por el momento no son verificables, o, mejor dicho, lo son a través de la información que publica la oposición.

Si Maduro insiste en decir que ha ganado y no quiere entender que, para la comunidad internacional, sin verificación no hay asunción de resultados, Venezuela puede entrar en una grave crisis.

Maduro ha recurrido al Tribunal, ha apelado a los tribunales para que le defiendan, que ya es el colmo del sarcasmo, y estamos pendientes de que el Tribunal Supremo de Venezuela emita una sentencia, no sé qué vaya a emitir porque su función no es contar los resultados electorales."[142]

En todo caso, en la misma fecha, la Sala Electoral anunciaba que llevaba realizado el "peritaje" en un 60%[143] y al día siguiente, 19 de agosto de 2024, la Sala Electoral informaba en su cuenta de Instagram que:

---

[142] Véase la reseña "Unión Europea advierte de "una grave crisis" en Venezuela si no se verifican los resultados electorales," en CNN Español. 16 de agosto de 2024, disponible en: https://cnnespanol. cnn.com/2024/08/19/union-europea-grave-crisis-venezuela-resultados -electorales-orix/.

[143] Véase "Venezuela: reportan 60% de avance en peritaje de actas electorales," La Nación, 18 de agosto de 2024, disponible en: https://www.lanacion.com.py/mundo/2024/08/18/venezuela-reportan- 60-de-avance-en-peritaje-de-actas-electorales/.

"una vez finalizado el proceso de transcripción, los peritos, especialistas y expertos electorales que acompañan este proceso analizarán los resultados para verificar los votos obtenidos por los partidos políticos que participaron en los comicios.

Asimismo, las actas serán validadas con los resultados en las bases de datos de los centros nacionales de totalización, adscritos al Consejo Nacional Electoral (CNE). Esta fase permitirá certificar la correspondiente información de las actas de escrutinio en relación con la transmitida por las máquinas de votación.

El TSJ indicó que las pruebas reunidas por el peritaje permitirán a la Sala Electoral emitir un veredicto final. Cabe destacar que el Tribunal cuenta con un "personal especializado para garantizar la precisión y objetividad del informe final". Esta acción forma parte del peritaje técnico del material electoral realizado, el cual conforma la investigación del recurso contencioso comicial presentado."[144]

6. *Sexta decisión de la Sala Electoral informando que se realizó el peritaje ordenado (Sentencia No. 30 de 15 de agosto de 2024)*

La sexta sentencia dictada por la Sala Electoral en el caso fue la sentencia No. 30 del 15 de agosto de 2024, igualmente secreta, porque no se publicó, y de la cual solo se conoció el aviso publicado en el portal del Tribunal Supremo, mediante el cual se informó:

---

[144] Véase Marcela Castro, "Sala Electoral del TSJ concluyó el proceso de peritaje de las actas de escrutinio. La Sala informó que los peritos y especialistas electorales analizarán los resultados para verificar los votos," en *El Cooperante,* 19 de agosto de 2024, disponible en: https://elcooperante.com/sala-electoral-del-tsj-concluyo-el-proceso-de-peritaje-de-las-actas-de-escrutinio/.

Primero: Que se procedió a realizar "presencialmente" por la Sala Electoral "la supervisión y control del proceso de *peritaje* del material que se encuentra a disposición de esta Instancia Judicial y en custodia del Consejo Nacional Electoral, consignado por el CNE, las organizaciones políticas y los excandidatos participantes," conforme a lo ordenado en la sentencia No. 29 de 10 de agosto de 2024, sin indicarse cuál era ese material; y que "dicho peritaje se encuentra en proceso de ejecución por un grupo de expertos en materia electoral con los más altos estándares técnicos y científicos nacionales e internacionales, garantizando el máximo nivel de excelencia técnico jurídico, el cual se hará de manera directa, personal y diariamente, durante todo el proceso."

Segundo: que "durante el desarrollo del peritaje que están realizando los profesionales expertos en la materia, esta Sala Electoral, conforme a los artículos 7, 12 y 14 del Código de Procedimiento Civil, aplicables al presente caso por remisión expresa del artículo 98 de la Ley Orgánica del Tribunal Supremo de Justicia, en uso de sus más amplias facultades de investigación, en la búsqueda de la verdad y la justicia" (sic).

Tercero: que "culminado este proceso de peritaje en el tiempo perentorio establecido previamente por esta Sala Electoral del Tribunal Supremo de Justicia, con estos hechos objetivos, comprobados y certificados; se emitirá sentencia definitiva sobre este recurso contencioso electoral."

Se observa de esos "anuncios," como lo destacó *Acceso a la Justicia*, que la Sala Electoral no informó cómo fueron designados los "peritos" que calificó de "expertos en materia electoral" con los "más altos estándares técnicos y científicos nacionales e internacionales," ni los identificó en forma alguna, en violación de las normas más elementales de control de la prueba establecidas en el Código de Procedimiento Civil, siendo totalmente improcedente tratar de justificar en los artículos 7, 12 y 14 de dicho Código el "proceso de arbitraje" inventado en este caso, ya que dichas normas no son atributivas de competencias judiciales, sino normas generales de conducta que rigen para todos los procesos.[145]

Sobre este supuesto o "llamado peritaje," como lo observó el profesor José Ignacio Hernández, el mismo "es nulo," porque:

"El supuesto peritaje practicado por la Sala Electoral viola todas las garantías procesales de la prueba de experticia, definidas en el Código de Procedimiento Civil (CPC).

Así, se desconoce la identidad de los supuestos expertos, con lo cual, éstos tampoco prestaron juramento en acto público, todo lo cual violó los artículos 453, 455, 458 y 459 del CPC. En especial, el anonimato de los expertos violó el derecho al control y contradicción de los medios de prueba, y, por ende, violó el derecho al debido proceso, reconocido en el artículo 49 constitucional, al no ser posible comprobar la idoneidad e imparcialidad de los supuestos expertos.

La propia conducción de la expertica reflejó la violación de todas las normas procesales de la prueba de experticia, pues no se trató de un acto procesal público con intervención de las partes.

Con lo cual, y según el citado artículo 49 constitucional, el "peritaje" practicado por la Sala es una prueba nula, por violar el debido proceso. Y las pruebas nulas no tienen efecto jurídico alguno."[146]

---

[145] Véase *Acceso a la Justicia*, "Se deja constancia del inicio del peritaje a todo el material electoral consignado," 15 de agosto de 2024, disponible en: https://accesoalajusticia.org/se-deja-constancia-del-inicio -del-peritaje-a-todo-el-material-electoral-consignado/

[146] Véase José Ignacio Hernández, "La Sala Electoral verificó los resultados de las presidenciales ¿Y ahora qué? «Sin respaldo en actas

VI. EL RECURSO DE REVISIÓN CONSTITUCIONAL INTENTADO CONTRA LAS ACTUACIONES DE LA SALA ELECTORAL QUE FUE DESATENDIDO POR LA SALA CONSTITUCIONAL

En fecha 8 de agosto de 2024, el ex candidato presidencial Antonio Ecarri, presentó ante la Sala Constitucional del Tribunal Supremo, una acción de revisión constitucional, contra las sentencias números 25 del 1° de agosto de 2024, 27 del 5 de agosto de 2024 y 28 del 6 de agosto de 2024 de la Sala Electoral antes reseñadas, por lesionar sus derechos constitucionales, en particular su derecho a la defensa, "por posiblemente intentar obligarme a violentar el artículo 137 de la Constitución nacional y por la violación de los derechos constitucionales de los venezolanos al existir una clara violación al principio de la separación de poderes consagrado el en artículo 136 de la Constitución por parte de la Sala Electoral del Tribunal Supremo de Justicia al asumir competencias del Poder Electoral;" revisión que solicitó para que se anularan "de manera urgente e inmediata" las referidas sentencias con el objeto de que "se respeten y garanticen mis derechos constitucionales y de todos los venezolanos, derechos que han sido claramente violentados por la Sala Electoral del Tribunal Supremo de Justicia."

Esta acción fue completamente ignorada por la Sala Constitucional, en desprecio total a la constitucionalidad y al recurrente, y ninguna actuación que se sepa se realizó, ya que el mismo recurrente ni siquiera tuvo acceso al expediente.

---

electorales transparentes, públicas y verificables, la proclamación no surte efecto jurídico alguno»," en *La Gran Aldea*, 26 de agosto de 2024. Disponible en: https://lga.lagranaldea.com/2024/08/23/la-sala-electoral-verifico-los-resultados-de-las-presidenciales-y-ahora-que/.

VII. LA RECUSACIÓN DE LA PRESIDENTA DE LA SALA ELECTORAL Y SU DESPRECIO PROCESAL

Por otra parte, con fecha 20 de agosto de 2024, uno de los citados por la Sala Electoral en el bizarro "proceso de peritaje," que se desarrolló, el excandidato presidencial Sr. Enrique Márquez, quien en el pasado fue rector del Consejo Nacional Electoral, presentó ante el Tribunal Supremo de Justicia una recusación contra la presidenta del Tribunal, Presidenta además de la Sala Electoral, Sra. Caryslia Rodríguez, basada:

"principalmente -aunque no solamente- en la manifiesta vinculación política que ha mantenido y que mantiene con el (gobernante Partido Socialista Unido de Venezuela) PSUV y con el presidente Nicolás Maduro."

Consideró Márquez, que la recusada "está incursa en causales suficientes de vinculación política y de falta de imparcialidad," mencionando su vinculación pública con el Partido Socialista Unido de Venezuela, del cual llegó a ser concejal. Márquez también consideró que la Sra. Rodríguez "debe ser recusada" debido al "mal manejo de este proceso" y la "falta de idoneidad para desarrollar" el peritaje, cuyo expediente, reiteró, sigue sin conocerse, concluyendo con la afirmación de que:

"No conocemos el proceso que se está llevando, la Sala (Electoral) ha inventado un procedimiento que no conocemos (…) esto le hace un muy flaco favor a la democracia, la transparencia y la confiabilidad."[147]

---

[147] Véase "Opositor Márquez recusa a magistrada que lidera revisión judicial de comicios venezolanos," en *Swissinfo.ch*, 20 de agosto de 2024, disponible en: https://www.swissinfo.ch/spa/opositor-márquez-recusa-a-magistrada-que-lidera-revisión-judicial-de-comicios-venezola nos/87299002; y en "Enrique Márquez presentó solicitud de recusación contra la presidenta de la Sala Electoral del TSJ por sus

Esta recusación, implicaba, conforme al artículo 93 del Código de Procedimiento Civil que debía abrirse necesariamente una incidencia, que la Sra. Rodríguez debía separarse de inmediato del conocimiento del supuesto "proceso de peritaje," y que conforme al artículo 92 del Código de Procedimiento Civil, debía extender su informe a continuación de la diligencia de recusación, inmediatamente o el día siguiente. De la incidencia de recusación que debía abrirse, conforme al artículo 57 de la Ley Orgánica del Tribunal Supremo de Justicia, ya que la recusada era la Presidenta de la Sala Electoral, debió haber conocido el Primer Vicepresidente de la Sala. Y para decidir la incidencia, conforme a los artículos 90 y 96 del Código de Procedimiento Civil, el VicePresidente debía oír dentro de un plazo de 3 días siguientes a la recusación, las observaciones que quisieran formular, en este caso, la "parte", y si ésta lo pidiere, debía abrir una articulación probatoria por 8 días y decidir dentro de los 3 días siguientes.

El Código de Procedimiento Civil en esta materia, en todo caso, fue completamente ignorado: el Sr. Márquez no supo de la apertura de incidencia alguna para resolver sobre la recusación, en desprecio de lo que había solicitado, y la Sra. Presidenta de la Sala Electoral, recusada, no solo no se separó inmediatamente del conocimiento del conocimiento del "proceso" sino que, al contrario, continuó y hasta leyó y firmó la sentencia No 32 dictada con fecha 22 de agosto, que puso fin al "proceso de peritaje."

---

vínculos políticos con el PSUV," en *Morfema Press*, 20 de agosto de 2024, disponible en: https://morfema.press/actualidad/enrique-marquez-presento-solicitud-de-recusacion-contra-la-presidenta-de-la-sala-electoral-del-tsj-por-sus-vinculos-politicos-con-el-psuv/. Véase igualmente en: https://x.com/enriquemarquezp/status/1825944673002664258?s=48.

Sin embargo, días después, precisamente el día 24 de agosto de 2024,[148] apareció un aviso en la página web del Tribunal Supremo, anunciando una sentencia No. 001, con fecha del día siguiente (25 de agosto), lo cual fue luego cambiado al No. 30 y con fecha anterior de 21 de agosto, en el cual, sin motivación alguna, y sin indicación en cuál norma legal se basó, se decidió declarar inadmisible la recusación "por extemporánea."[149]

En el caso de las recusaciones de magistrados, el artículo 53 de la Ley Orgánica del Tribunal Supremo dispone que la recusación "podrá tener lugar hasta cuando venzan los lapsos de sustanciación, si es el caso, o dentro de los tres días siguientes al momento en que se produzca la causa que las motiva." Como la recusación se basó en el alegato de falta de imparcialidad de la recusada por ser militante del partido oficial, se tenía que aplicar el primer supuesto, de manera que habiéndose formulado la recusación el día 20 de agosto en el curso del "proceso de peritaje," que era la fase de sustanciación del

---

[148] Véase la información en: "TSJ rechazó recusación de Enrique Márquez contra la magistrada Carlyslia Rodríguez," en *Morfema Press*, 25 de agosto de 2024, disponible en: https://morfema.press/actualidad/tsj-rechazo-recusacion-de-enrique-marquez-contra-la-magistrada-carlyslia-rodriguez/.

[149] Sobre ello, *Acceso a la Justicia* observó que: "No fue sino 2 días después y durante el fin de semana que el TSJ publicó en su página web la decisión sobre la recusación (sentencia AVP-001), en la que la magistrada Fanny Márquez Cordero declara inadmisible por extemporánea la recusación de Enrique Márquez, aunque sin ofrecer mayor explicación. Llama la atención que esta decisión está fechada el 21 de agosto, es decir, un día antes de la sentencia definitiva, pero apareció después. El propio Enrique Márquez se pronunció sobre la sentencia al día siguiente de su emisión en un video y afirmó que la Sala no había dado respuesta a su solicitud de recusación de la presidenta de la Sala Electoral." Véase *Acceso a la Justicia*, "8 anomalías del proceso ante el TSJ y su decisión definitiva sobre los resultados de las presidenciales del 28J," 27 de agosto de 2024, disponible en: https://accesoalajusticia.org/8-anomalias-proceso-tsj-decision-definitiva-resultados-presidenciales-28j/.

procedimiento, no podía considerarse extemporánea. En este caso, del extraño "juicio de peritaje" además, como no hubo ni podía haber "contestación de la demanda," no se podía aplicar el artículo 90 del Código de Procedimiento Civil, que establece que la recusación "solo podrá intentarse, bajo pena de caducidad, antes de la contestación de la demanda."[150]

---

[150] Ignoró además la Sala Electoral que la Sala Constitucional interpretó en forma vinculante el artículo 90 del Código de Procedimiento Civil, al admitir que a pesar de que se formule la recusación planteada con posterioridad al acto preclusivo, "el juez "debió darle trámite a la recusación a los fines de preservar los derechos a la defensa, al debido proceso, a la tutela efectiva y a la garantía de ser juzgado por juez idóneo e imparcial". Véase sentencia de la Sala Constitucional No. 962 de 23 de noviembre de 2024.

QUINTA PARTE

LA "RESOLUCIÓN" JUDICIAL DE UNA ELECCIÓN MEDIANTE UNA SENTENCIA DICTADA EN UN INEXISTENTE "PROCESO DE PERITAJE" DESARROLLADO EN SECRETO POR LA SALA ELECTORAL

I. ALERTA INTERNACIONAL SOBRE LA FALTA DE INDEPENDENCIA DEL PODER JUDICIAL

El día 22 de agosto, la Sala Electoral, en efecto, anunció que emitiría sentencia en el "juicio" o "proceso de peritaje" que había inventado, para verificar los resultados de la elección del 28 de julio, fijando en principio las 10 de la mañana para que tuviera lugar el acto respectivo.

Simultáneamente con dicho anuncio, durante la mañana de ese mismo día, y antes de que se leyera la sentencia, la *Misión de Determinación de Hechos sobre Venezuela de la ONU,* a propósito del pronunciamiento del Poder Judicial sobre los comicios del 28 de julio, alertó sobre la falta de independencia e imparcialidad tanto del Tribunal Supremo de Justicia de Venezuela requerido para auditar los resultados electorales y del Consejo Nacional Electoral, expresando lo siguiente:

> "Alertamos sobre la falta de independencia e imparcialidad del Tribunal Supremo de Justicia y del Consejo Nacional Electoral de Venezuela que han desempeñado un papel dentro de la maquinaria represiva del Estado.

"El Gobierno ejerce una injerencia indebida sobre decisiones del TSJ a través de mensajes directos o magistrados y declaraciones del Presidente Nicolas maduro y Diosdado cabello" (Marta Valinas)

"En 2022, la Asamblea Nacional modificó la membresía del Comité de Postulaciones Judiciales, para ser controlada por la misma Asamblea, de mayoría gubernamental, y eligió a los 20 magistrados y magistradas del TSJ" (Francisco Cox Vial)

"La actual Presidenta del TSJ y de su Sala Electoral, Carlyslia Beatriz Rodríguez es militante del partido de gobierno y ha ejercido cargos de elección popular" (Francisco Coz Vial)

"El actual Presidente del Consejo Nacional Electoral Elvis Amoroso, ha sido diputado de la Asamblea Nacional representando al partido de Gobierno" (Patricia Tappatá Valdez),

"Como Contralor General, fue responsable de la inhabilitación arbitraria de María Corina machado y de otros líderes de la oposición" (Patricia Tappatá Valdez).[151]

En esta forma, y con estos preludios, para cuando la Presidenta de la Sala Electoral leyó la resolutiva de la sentencia No. 32 el mismo día 22 de agosto, sin motivación alguna, había quedado claramente anunciado por parte de la Misión de la ONU, lo que podía ocurrir, y era que la sentencia que se dictara no podía considerarse como emanada de un órgano judicial independiente, sino, al contrario, totalmente dependiente del poder ejecutivo, y, por tanto, que no podía ser una sentencia justa.

---

[151] Disponible en: https://bitlyanews.com/nacionales/consejo-de-ddhh-de-la-onu-reafirma-la-falta-de-independencia-del-tsj-para-resolver-con troversia-electoral/.

El texto y la parte de la motiva de la sentencia, en todo caso, como se dijo y como ocurrió con todas las sentencias dictadas en el caso, también se mantuvieron en secreto, luego de supuestamente efectuado un "peritaje" desarrollado por "expertos" designados también secretamente, cuya identidad y calificación se desconoció, y que actuaron enmascarados como si se tratase de un acto de exhumación. Como lo observó *Acceso a la Justicia*:

> "La debilidad probatoria del peritaje es otro elemento que salta a la vista, pues la Sala Electoral nunca explicó cómo fueron nombrados los peritos ni los criterios utilizados para su selección, y aun así los calificó como «expertos en materia electoral». Tampoco indicó cuáles fueron los «más altos estándares técnicos y científicos nacionales e internacionales» que sirvieron para garantizar el control de la prueba, además de la imparcialidad y transparencia del desarrollo de esta actuación. Finalmente, esta experticia no fue validada por los excandidatos, ya que los mismos ni siquiera tuvieron acceso al expediente, lo que la propia Sala reconoce en su auto del 10 de agosto, en el que queda claro que el peritaje no fue supervisado por nadie más que ella misma."[152]

---

[152] Véase *Acceso a la Justicia*, "8 anomalías del proceso ante el TSJ y su decisión definitiva sobre los resultados de las presidenciales del 28J," 27 de agosto de 2024, disponible en: https://accesoalajusticia.org/8-anomalias-proceso-tsj-decision-definitiva-resultados-presidenciales-28j/ Sobre el proceso de peritaje seguido por la Sala Electoral, la Academia de Ciencias Políticas y Sociales, además, agregó que fue "realizado en condiciones de opacidad y sin las debidas garantías de imparcialidad y control por las partes interesadas, no se ajusta a las normas procesales que rigen este tipo de pruebas. La designación de peritos sin transparencia, la falta de acceso de las partes al material examinado, y la ausencia de oportunidad para impugnar o cuestionar los hallazgos del peritaje, constituyen graves violaciones al debido proceso." "Comunicado de la Academia de Ciencias Políticas y

Todo ello significó, en la práctica, que a pesar de que el proceso todo conforme a la sentencia No. 27 de 7 de agosto se había declarado de "orden público y de trascendencia nacional," en el mismo se dictó y publicitó una sentencia final sin motivación alguna que hubiera sido expresada o publicada (lo que de acuerdo con las más elementales normas procesales la hace nula[153]), pues solo se leyó la parte dispositiva, que fue lo que además se publicó en la página web del Tribunal Supremo de Justicia.

II.   LO RESUELTO EN LA SUPUESTA "SENTENCIA" Nº 32 DE 22 DE AGOSTO DE 2024

Lo que se "decidió," sin que se conociera motivación alguna, en la sentencia No. 32 de 12 de agosto de 2024, fue la siguiente:

Primero: Una declaración sobre su propia competencia, que la Sala Electoral ratificó, considerando que "fue interpuesto un recurso contencioso electoral," para iniciar "un proceso judicial de investigación y verificación, para certificar de manera irrestricta e inequívoca, los resultados del proceso electoral realizado el 28 de julio de 2024."

La Sala consideró que de ello "se desprende la vinculación directa de esta acción con tal proceso comicial, en congruencia con el artículo 297 de la Constitución de la República Bolivariana de Venezuela y el numeral 1 del artículo 27 de la Ley Orgánica del Tribunal Supremo de Justicia, que le atribuye

---

Sociales sobre la sentencia de la Sala Electoral del Tribunal Supremo de Justicia referente a las elecciones presidenciales del 28 de julio de 2024," de fecha 26 de agosto de 2024, disponible en: https://www.acienpol.org.ve/wp-content/uploads/2024/08/Pronunciamiento-senten cia-Sala-Electoral-TSJ.pdf.

[153]   El artículo 243 exige que toda sentencia contenga "los motivos de hecho y de derecho de la decisión," y el art. 244 dispone que "será nula la sentencia por faltar," entre otras, por faltar los motivos de hecho y de derecho de la decisión.

a este órgano, control judicial de las actuaciones u omisiones de los agentes que intervinieron en el referido hecho electoral."

A pesar de que a lo largo de todo el "proceso," de las escasas informaciones públicas del mismo resultó evidente que no se había intentado demanda alguna (conforme al mencionado art. 27.1 de la Ley Orgánica del Tribunal Supremo) contra actos, actuaciones u omisiones del Consejo Nacional Electoral, la Sala hizo mención a una supuesta "solicitud de tutela judicial sobre el derecho al sufragio de todas las electoras y electores de la República," lo que sin embargo no fue mencionado por el Presidente de la República como recurrente en las informaciones públicas que dio, no habiendo indicado que actuaba en representación de ningún interés o derecho colectivo o difuso, sino solo en nombre propio como Presidente de la República y representando al Polo Patriótico y al Partido Socialista Unido de Venezuela.

La Sala Electoral, sin embargo, interpretó que el recurrente habría actuado "en salvaguarda de la soberanía popular, puesto que se pidió verificar cuál ha sido la voluntad del electorado, en los comicios de mayor trascendencia nacional, como son los de la Presidencia de la República; en los cuales se evidenció un ataque cibernético masivo contra el Sistema Electoral, lo que resultó en una evidente transgresión al Poder Electoral," todo lo cual, sin embargo, no cuadraba en el concepto de "recurso contencioso electoral" que está referido a la impugnación de actos, las actuaciones o las omisiones de los órganos electorales, y no contra supuestos "ataques" contra los mismos.

Por lo demás, no resultaba procedente invocar, como hizo la Sala Electoral, supuestos precedentes de derecho comparado, como las sentencias que cita la sentencia dictadas por la Corte Suprema de México (2024), el Tribunal Federal de Brasil (2022) y la Corte Suprema de los Estados Unidos (2000), todas en procesos en los cuales se impugnaron elecciones y donde además, no existe un Poder Electoral, como parte formal de la separación de Poderes constitucional, que como es el caso de

Venezuela, donde se atribuye en forma exclusiva al Consejo Nacional Electoral toda la competencia para resolver sobre las elecciones, salvo que las mismas se impugnen por ejemplo por nulidad, lo que no fue el caso de la solicitud formulada por el Presidente de la República.[154]

---

[154] Por ejemplo, José Ignacio Hernández, al comentar sobre los precedentes citados en la sentencia expresó" La Sala, en el extracto de la decisión, quiso justificar su decisión en casos comparados, como, por ejemplo, el caso Bush v. Gore, 531 U.S. 98 (2000), decidido por la Corte Suprema de Estados Unidos. Pero ese caso, más bien, sirve para evidenciar la falta de fundamentos jurídicos de lo actuado por la Sala. Así, el caso *Bush vs. Gore* fue un juicio real, en el que la Corte Suprema ejerció su jurisdicción para conocer del recurso conocido como *writ of certiorari,* en el marco de un litigio genuino ante las cortes de Florida. Hubo verdaderos argumentos y pruebas, así como verdaderas audiencias, con abogados que expusieron argumentos jurídicos. Lo más importante: se garantizó el acceso a las partes al expediente. Este caso es tan verdadero, que cualquier pueda revisar las actuaciones procesales, incluyendo, por supuesto, la sentencia dictada por la Corte. Lo que hizo la Sala Electoral, por el contrario, no podría ser calificado, si quiera, de juicio. Así, la Sala conoció de un recurso cuyo contenido se desconoce. Sustanció un proceso sin argumentos legales ni pruebas, con audiencias violaron las normas procesales de la citación. Finalmente, se condujo un supuesto peritaje que, en realidad, violó las normas procesales de la expertcia, a tal punto que toda esa supuesta prueba debido en nula, por violación del debido proceso, como explico más adelante. Tampoco se han publicado ninguna de las sentencias, al punto que estas notas las escribo solo con base en el extracto de la supuesta decisión dictada." Véase José Ignacio Hernández, "La Sala Electoral verificó los resultados de las presidenciales ¿Y ahora qué? «Sin respaldo en actas electorales transparentes, públicas y verificables, la proclamación no surte efecto jurídico alguno»," en *La Gran Aldea,* 26 de agosto de 2024. Disponible en: https://lga. lagranaldea. com/2024/08/23/la-sala-electoral-verifico-los-resultados-de-las-presidenciales-y-ahora-que/ Véase, además, sobre los "preceden-tes" citados por la Sala, los otros comentarios de José Ignacio Hernández, en "La decisión de la Sala Electoral que verificó los resultados de las presidenciales: un acto ineficaz," en *Academia.edu,*

Segundo: Una declaración informativa y reiterativa sobre quienes habían comparecido a la convocatoria que había hecho la Sala, indicando que el 5 de agosto comparecieron los Rectores del Consejo Nacional Electoral, "excepto el Rector Juan Carlos Delpino, quien no acudió ante éste, el más Alto Tribunal de la República Bolivariana de Venezuela y no justificó su ausencia;" que los días 7, 8 y 9 de agosto de 2024, "acudieron oportunamente los treinta y ocho (38) partidos políticos postulantes, y de esos treinta y ocho (38), sólo consignaron treinta y tres (33) de ellos el material electoral requerido;" que en dichas fechas, "de los diez (10) excandidatos citados, acudieron nueve (9) de ellos indicándose que los excandidatos Antonio Ecarri y Enrique Márquez no consignaron el material solicitado.

Tercero: una declaración informativa de que "el excandidato Edmundo González Urrutia, *no asistió* a ninguna de las fases de éste proceso al cual fue citado, y por tanto *no cumplió* con la orden de ésta, la más Alta Instancia de la Jurisdicción Contencioso Electoral de la República Bolivariana de Venezuela, ni con la consignación de las actas de escrutinio, el listado de testigos, ni material electoral alguno; en consecuencia *desacató* el mandato, en franco irrespeto a la autoridad judicial, demostrando su renuencia a ceñirse al orden constitucional, conducta que acarrea las sanciones previstas en el ordenamiento jurídico vigente." La Sala Electoral debía saber que nadie está obligado a comparecer ante los tribunales de justicia, y que el desacato como figura procesal con consecuencias sancionatorias, solo está establecido en relación con los mandamientos de amparo, como ya se ha señalado.

Sobre esto, el profesor José Ignacio Hernández expresó, con razón que:

---

27 de agosto de 2024, disponible en: https://www.academia.edu/ 123267598/La_decision_de_la_Sala_Electoral_que_vertifico_los_res ultados_de_las_presidenciales.

"La Sala Electoral quiere convertir la citación es un acto de comparecencia forzoso, lo que viola principios procesales básicos. En realidad, la citación no genera deber de comparecencia, sino una carga procesal que puede o no ser cumplida. Con lo cual, y asumiendo que fue citado correctamente, González podía optar por no comparecer.

Pero, además, González Urrutia no fue en realidad citado, pues solo se cita a las partes. Y González no puede ser la parte demandada, pues esa posición solo podía ocuparla el CNE. Con lo cual, y a todo evento, la supuesta citación de González no surte efecto alguno.

De allí el error procesal de la Sala al afirmar que la falta de comparecencia a la supuesta citación es una suerte de desacato, lo que podría incluso ser usado -vanamente- para iniciar una acción criminal. Por ello, insistimos: la citación de González, incluso de haber sido practicada correctamente, no generó ningún deber, con lo cual, no hay ni puede haber desacato."[155]

La Sala Electoral también informó en su sentencia que los representantes de los partidos miembros de la Alianza Plataforma Unitaria Democrática "no consignaron material electoral alguno," esgrimiendo diversos argumentos.

Cuarto: Luego la Sala Electoral se refirió al "informe definitivo presentado el 20 de agosto de 2024, por los expertos nacionales e internacionales;" informe que nadie ha visto pues permaneció secreto, presentados por peritos que no se supo nunca quienes fueron, ni cómo fueron designados, y quienes actuaron enmascarados para esconder su identidad. La Sala

---

[155] Véase José Ignacio Hernández, "La Sala Electoral verificó los resultados de las presidenciales ¿Y ahora qué? «Sin respaldo en actas electorales transparentes, públicas y verificables, la proclamación no surte efecto jurídico alguno»," en *La Gran Aldea*, 26 de agosto de 2024. Disponible en: https://lga.lagranaldea.com/2024/08/23/la-sala-electoral-verifico-los-resultados-de-las-presidenciales-y-ahora-que/.

cosnideró dicho Informe, sin embargo, como "plena prueba en el "proceso contencioso electoral, referido al *peritaje* exhaustivo y detallado en profundidad, de todo el material consignado por el Consejo Nacional Electoral y los partidos políticos, en físico y/o digital, relacionado con el proceso de elección presidencial celebrado el 28 de julio de 2024." El Informe y peritaje, fue "ejecutado" según se afirmó en la sentencia "conforme a los más altos estándares técnicos nacionales e internacionales," sin indicarse nada sobre ellos.

Y luego la Sala pasó a declarar que

"una vez examinado el material recolectado, dicho informe determinó textualmente que: "…Con base en los resultados obtenidos en el proceso de peritaje podemos concluir, que los boletines emitidos por el Consejo Nacional Electoral respecto a la Elección Presidencial 2024, están respaldados por las actas de escrutinio emitidas por cada una de las máquinas de votación desplegadas en el proceso electoral y así mismo estas actas mantienen plena coincidencia con los registros de las bases de datos de los Centros Nacionales de Totalización".

La pregunta que surge es que si el supuesto Informe, el cual como se dijo nadie conoció, porque igualmente fue secreto, concluyó que todo el material electoral y actas de escrutinio emitidas por las Máquinas de votación supuestamente respaldaban los dos Boletines emitidos por el Consejo, y se encontraba efectivamente en el Consejo Nacional Electoral y por ello fue supuestamente consignado por dicho organismo ante la Sala, entonces: ¿por qué entonces el Consejo Nacional Electoral, al momento de emitir los Boletines, se abstuvo de acompañar las Actas de Totalización que tenían que haberse emitido como base para totalizar y adjudicar, con la indicación tabulada de todas esas actas de escrutinio, que fue lo que la comunidad nacional o internacional le solicitó que hiciera al Consejo Nacional Electoral? ¿Porqué no ha sido publicada dicha información? ¿Hubo acaso entonces una "omisión" del Consejo Nacional Electoral?[156]

Quinto: Con base en las "informaciones" anteriores, pero sin motivación alguna de carácter legal ni fáctica, la Sala decidió - y esta es la decisión fundamental de la sentencia - lo siguiente:

1. Declarando *"con lugar* el presente recurso contencioso electoral, en base al peritaje realizado y verificado de *manera irrestricta e inequívoca*, y con fundamento en el informe elaborado por los expertos electorales nacionales e internacionales, altamente calificados e idóneos, quienes garantizaron el máximo nivel de excelencia técnico jurídico."

2. Certificando *"de forma inobjetable* el material electoral peritado y *convalida categóricamente* los resulta-

---

[156] Véase sobre estas irregularidades, las "preguntas peligrosas" que se formuló Luis Fuenmayor Toro: "¿Por qué si el gobierno ganó las elecciones como afirma, no presentó las actas totalizadas de los escrutinios dentro de las 48 horas siguientes a la finalización del proceso, tal y como lo ordena la normativa vigente? ¿Cómo es posible que el Presidente del Consejo Nacional Electoral Elvis Amoroso presente como primer boletín electoral, una información apresuradamente elaborada, sin las formalidades del caso y contentiva sólo de los resultados del 80 por ciento de las actas escrutadas? ¿Cómo es posible que ese primer boletín considere como irreversible la diferencia de votos entre los dos candidatos más votados, cuando el número de votos faltantes era más de tres veces superior a la diferencia entre estos candidatos? Faltaban 2,3 millones de votos por escrutar y la diferencia referida era de 700 mil votos. ¿Por qué ese primer boletín del CNE no fue producto del trabajo de la sala de totalizaciones y no se elaboró como correspondía en presencia de los testigos nacionales de los candidatos, de las organizaciones políticas y de los veedores? ¿Cómo incurre el CNE en una clara violación legal, al proceder a la adjudicación, proclamación y acreditación como Presidente electo de Nicolás Maduro, sin tener el escrutinio de todas las actas, como obliga la legislación vigente?," en: Luis Fuenmayor Toro, "Preguntas peligrosas," en *aporrea.com*, 22 de agosto de 2024, disponible en: https://www.aporrea.org/actualidad/a333704.html .

dos de la elección presidencial del 28 de julio de 2024, emitidos por el Consejo Nacional Electoral, donde resultó electo el ciudadano Nicolás Maduro Moros, como Presidente de la República Bolivariana de Venezuela para el período Constitucional 2025-2031."

Sobre ello, lo primero que debe observarse es que conforme lo expresó la Academia de Ciencias Políticas y Sociales, "al haber emitido una sentencia que pretende certificar oficialmente los resultados electorales, la Sala Electoral ha incurrido en usurpación de funciones que, conforme al artículo 138 de la Constitución, conlleva a la nulidad de la sentencia."[157]

Ahora bien, sobre esta dispositiva de la sentencia, se destaca que nada se informó en la misma sobre cuál habría sido el "material electoral peritado" para "convalidar" lo que informó el Presidente del Consejo Nacional Electoral sobre la supuesta elección de Nicolás Maduro, siendo de destacar que en la sentencia no se hizo mención alguna a las Actas de Escrutinio de las Mesas Electorales, que son las únicas que pueden servir para verificar los resultados de la elección presidencial.

De manera que se trató de una supuesta "convalidación" sin que se hubieran verificado todas las Actas de Escrutinio, en

---

[157] Por ello, la Academia expresó su "profunda preocupación por las actuaciones de la Sala Electoral del Tribunal Supremo de Justicia que exceden el marco de sus competencias constitucionales y legales. Esta situación quebranta los principios de separación e independencia de poderes, legalidad, debido proceso y transparencia, pilares fundamentales del Estado de Derecho. Véase "Comunicado de la Academia de Ciencias Políticas y Sociales sobre la sentencia de la Sala Electoral del Tribunal Supremo de Justicia referente a las elecciones presidenciales del 28 de julio de 2024," de fecha 26 de agosto de 2024, disponible en: https://www.acienpol.org.ve/wp-content/uploads/2024/08/Pronuncia miento-sentencia-Sala-Electoral-TSJ.pdf.

violación de las más elementales normas procesales, tratándose, como lo observó José Ignacio Hernández, de:

"Una verificación sin competencia ni imparcialidad

La Sala supuestamente verificó los resultados electorales con base en los cuales el CNE proclamó a Maduro. Sin embargo, la Sala no tiene jurisdicción para verificar o certificar resultados, pues no es un órgano auditor.

La Sala Electoral solo tiene competencia para dirimir controversias sobre la validez de la actividad electoral, como ya vimos. Ninguna de estas facultades permite a la Sala Electoral "certificar" resultados electorales. Con lo cual, la supuesta verificación no produce efecto jurídico alguno."[158]

Y, además, en una sentencia dictada sin motivación alguna, en el sentido de que, como lo destacó el profesor Freddy Gutiérrez:

"El Tribunal Supremo no presentó argumentos documentales que justifiquen los resultados que profirió el Consejo Electoral, y que dieron lugar a un curioso acto de proclamación presidencial.

No invocó ningún fundamento jurídico que diera lugar a una extraña decisión.

No desagregó ningún elemento pericial por mesas, centros o estados que sustentaran los números absolutos y relativos que divulgó sin ninguna base el poder electoral.

---

[158] Véase José Ignacio Hernández, "La Sala Electoral verificó los resultados de las presidenciales ¿Y ahora qué? «Sin respaldo en actas electorales transparentes, públicas y verificables, la proclamación no surte efecto jurídico alguno»," en *La Gran Aldea*, 26 de agosto de 2024. Disponible en: https://lga.lagranaldea.com/2024/08/23/la-sala-electoral-verifico-los-resultados-de-las-presidenciales-y-ahora-que/.

La ausencia de motivación hace inexistente la sentencia y, en consecuencia, inaceptable e imposible de acatar, por lo que es inejecutable.

Además, por supuesto, que el TSJ, no tiene competencia en estas circunstancias, de producir una sentencia certificadora de resultados electorales, toda vez que incurre, como ocurrió, en usurpación de funciones: Toda autoridad usurpada es ineficaz y sus actos son nulos (CN. Art.138)."[159]

Sexto: La Sala *exhortó*: "al Consejo Nacional Electoral a publicar los resultados definitivos del proceso electoral celebrado el 28 de julio de 2024, para la escogencia del Presidente de la República Bolivariana de Venezuela en la *Gaceta Electoral de la República Bolivariana de Venezuela*, según lo previsto en el artículo 155 de la Ley Orgánica de Procesos Electorales."

Como bien lo observó *Acceso a la Justicia*, en la sentencia:

"no se exhorta al CNE a publicar las actas de escrutinio que sustentan dichos resultados. Recordemos que la totalización debió producirse dentro de las 48 horas siguientes a la elección con los resultados de todas las actas (artículo 146 LOPRE), y aunque es cierto que el artículo 155 da un plazo máximo de 30 días para la publicación en la Gaceta Electoral de los resultados de los procesos electorales, ello no exime al CNE de cumplir con su obligación de totalizar como lo dice la LOPRE, sobre todo ahora que, de acuerdo con lo establecido por el TSJ, se hizo el peritaje del material electoral, lo cual fue incluso mostrado por el canal de YouTube de la máxima instancia judicial del país. Esto significa que las actas pudieron ser

---

[159] Véase Freddy Gutiérrez Trejo, "Las Togas del Oprobio," en *Puntode Cuenta,* 22 de agosto de 2024, disponible en: https://puntodecorte.org/freddy-gutierrez-trejo-las-togas-del-oprobio/.

emitidas e impresas, a pesar de todos los problemas informáticos denunciados, por lo que el CNE debe publicarlas."[160]

Es decir, a la Sala Electoral se le olvidó obligar al Consejo Nacional Electoral a cumplir con la obligación establecida en el artículo 150 de la Ley Orgánica, de presentar las Actas de Totalización que supuestamente dieron origen a los Boletines parciales que emitió, dejando "constancia de los totales correspondientes a cada uno de los datos registrados en las actas de escrutinio, así como dichos datos, acta por acta, tal como fueron incluidos en la totalización, presentados en forma tabulada."

Por ello, la Academia de Ciencias Políticas y Sociales consideró:

"crucial que el Consejo Nacional Electoral cumpla con su obligación legal de publicar los resultados detallados de la elección y realice todas las auditorías previstas en la ley. La integridad del proceso electoral y el derecho de los ciudadanos a conocer los resultados completos exigen que esta información incluya el desglose detallado de los votos por cada mesa de votación, conforme a los resultados consignados en las actas de escrutinio de las mesas electorales. Solo mediante la divulgación de esta información desagregada se puede garantizar una verificación exhaustiva y transparente de los resultados electorales, permitiendo a todos los actores políticos y a la ciudadanía

---

[160] Sobre todo, este "proceso" véase *Acceso a la Justicia*, "8 anomalías del proceso ante el TSJ y su decisión definitiva sobre los resultados de las presidenciales del 28J," 27 de agosto de 2024, disponible en: https://accesoalajusticia.org/8-anomalias-proceso-tsj-decision-definitiva-resultados-presidenciales-28j/.

en general corroborar la exactitud de los cómputos oficiales."[161]

Y así, para evadir cumplir con esta obligación legal, luego de la sentencia, el Consejo Nacional Electoral, al dejar constancia en Comunicado Público de 26 de agosto, que "recibieron la *notificación de la sentencia* No 031 de fecha 21 de agosto," indicó que "en el lapso de ley cumplirá con lo ordenado por la Sala Electoral del TSJ,"[162] es decir, con lo previsto en el artículo 155 de la Ley pero no con lo previsto en el artículo 150 que es el que se refiere, precisamente, a la publicación de la Actas de Escrutinio.

En todo caso, el Consejo Nacional Electoral, un mes después de las elecciones, no solo no había cumplido con lo previsto en el artículo 150 de la Ley Orgánica, a pesar incluso de que cuando anunció su primer Boletín, el Presidente del Cuerpo prometió que "en pocas horas" toda la información de las Actas de Escrutinio, mesa por mesa, estaría montada en la página web del organismo,[163] sino que tampoco cumplió ni con la ley ni con la orden de la Sala Electoral de publicar los resultados conforme al artículo 155 de la Ley Orgánica.[164]

---

[161] Véase "Comunicado de la Academia de Ciencias Políticas y Sociales sobre la sentencia de la Sala Electoral del Tribunal Supremo de Justicia referente a las elecciones presidenciales del 28 de julio de 2024," de fecha 26 de agosto de 2024, disponible en: https://www.acienpol.org.ve/wp-content/uploads/2024/08/Pronunciamiento-sentencia-Sala-Electoral-TSJ.pdf.

[162] Véase el Comunicado Oficial del 26 de agosto de 2024 en la cuenta X del Consejo Supremo Electoral, disponible en: https://x.com/cnees vzla/status/1828112363230556568.

[163] Véase la exposición completa del Presidente del Consejo Nacional Electoral, Elvis Amoroso, el 29 de julio de 2024, en el video disponible en: https://www.youtube.com/watch?v=pB7g4y4M4s8.

[164] Véase la información: "Expiró el plazo legal sin que el CNE publicara resultados disgregados en Gaceta Electoral," en *Morfema Press*, 29 de

Séptimo: Por último, la Sala acordó remitir "de manera *urgente"* copia certificada de la presente decisión, cuyo texto completo sin embargo no se conoció, al *Fiscal General de la República*, "a los fines de que sea incorporada a las investigaciones de carácter penal que, sobre los hechos irregulares, adelanta esa Institución." La Sala, agregó que ello lo hacía "en virtud de los documentos presuntamente falsos o forjados, cargados en la página web www.resultadospresiden cialesvenezuela2024.com," calificando, así inicuamente, lo que más de cien mil personas, entre miembros de Mesa, testigos, representantes y militares habían recolectado de Actas de Escrutinio durante la noche del 28 de julio para que se pudiera, en una impecable organización, cargar toda la información que está en dicha página web.

Se destaca, en todo caso, la reacción inmediata del Fiscal General de la República, luego de lo decidido por la Sala Electoral en persecución del Sr. González Urrutia, al punto de convocarlo a una "entrevista" sobre los presuntos delitos citados,[165] a lo cual con razón el excandidato presidencial señaló en mensaje a los "venezolanos" lo siguiente:

"En esta ocasión rindo declaración ante ustedes quienes son los garantes de la soberanía popular. El Ministerio Público pretende someterme a una entrevista sin que se

---

agosto de 2024, disponible en: https://morfema.press/actualidad/ expiro-el-plazo-legal-sin-que-el-cne-publicara-resultados-disgregados -en-gaceta-electoral/.

[165] Véase la información: "Fraude en Venezuela: la Fiscalía chavista citó a declarar a González Urrutia por una investigación penal. El fiscal general, Tarek William Saab, dijo que el candidato opositor deberá presentarse ante la Justicia por la presunta comisión de delitos asociados a la denuncia de fraude electoral que ha hecho el antichavismo," en *Infobae,* 23 de agosto de 2024, disponible en: https://www.infobae.com/venezuela/2024/08/23/fraude-en-venezuela- la-fiscalia-chavista-citara-a-gonzalez-urrutia-por-una-investigacion- penal/?outputType=amp-type.

precise en qué condición se espera que comparezca y precalificando delitos no cometidos. El Fiscal General de la República se he comportado reiteradamente como un acusador político; condena por anticipado y ahora impulsa una citación sin garantías de independencia y del debido proceso.

Sr. Nicolás Maduro es hora de que entienda por una buena vez, que la solución no está en a represión sino en la verificación internacional independiente y confiable de las actas que no puede ser sustituida por una sentencia dictada al margen de la Constitución.

En ese escenario presentaremos nuestros ejemplares de las actas de escrutinio que dejan clara la voluntad de cambio de los venezolanos. La verdad de lo sucedido el 28 de julio es lo que salvará la institucionalidad democrática. Una vez más les repito: por la paz y el bienestar del país, presenten las actas. Exigimos respeto a la voluntad popular expresada en las elecciones del 28 de julio que favorecieron ampliamente el cambio político que representó mi candidatura…"[166]

Y es que, en efecto, nadie está obligado a acudir a "entrevista" alguna a la que sea "convocado" o "invitado" por otra persona o por cualquier funcionario, incluyendo un Fiscal del Ministerio Público, y menos si no se indica norma alguna que la sustente, razón por la cual, seguramente, el Sr. González declinó las invitaciones que recibió. Lo insólito fue que en una tercera invitación (llamada "citación") a una entrevista, cuyo texto se conoció en las redes, emitida por un Fiscal el 29 de agosto de 2024, sin indicar, de nuevo, en qué carácter se

---

[166]   Véase el video con el mensaje de 25 de agosto de 2024, disponible en: https://instagram.com/reel//C_HUspQtiRl?igsh+bGJ4Yjh3d2V6MHFi. Véase además la información del Mensaje en *El Nacional*, 26 de agosto de 2024, disponible en https://www.elnacional.com/venezuela /edmundo -gonzalez-ante-citacion-de-la-fiscalia-carece-de-garantias/.

"citaba" al Sr. González, si como víctima, testigo, experto, intérprete o imputado, se lo amenazó con que si no comparecía "se considerará que nos encontramos en presencia de *peligro de fuga* previsto en el artículo 237 y del *peligro de obstaculización*, previsto en el artículo 238 del Código Orgánico Procesal Penal por lo que se tramitará la correspondiente Orden de Aprehensión,"[167] sin percatarse el funcionario firmante que esas normas solo se aplican respecto de las personas que han sido "imputadas" por la comisión de algún delito en un proceso penal, y solo corresponden ser evaluadas y dictadas por el Juez Penal competente.[168]

Por ello, el Secretario General de la Organización de Estados Americanos, sobre la "citación" por parte del Fiscal General al Sr. González Urrutia expresó:

"Repudio y condeno la 'citación' del Fiscal General de Venezuela a Edmundo González Urrutia para declarar sobre supuestos delitos.

Dicha citación no ofrece garantías, es propia de su actuación caracterizada por la persecución política y la violación sistemática de DDHH. La actuación del fiscal

---

[167] Oficio No. Oo-DGCDC-F58-1310-2024 de 29 de agosto de 2024, Dirección general contra Delitos Comunes, Fiscalía No, 58, Nacional Plena

[168] El Sr. González como se había anunciado, no acudió a la "entrevista.". Véase en "Pese a amenazas del régimen secuestrador, Edmundo González Urrutia no acudió a la tercera citación del fiscal de Maduro," en *Morfema Press,* 30 de agosto de 2024, Disponible en: https:// morfema.press/actualidad/pese-a-amenazas-del-regimen-secuestrador -edmundo-gonzalez-urrutia-no-acudio-a-la-tercera-citacion-del-fiscal- de-maduro/.

general y del sistema judicial sigue siendo instrumental en la represión y opresión política."[169]

Por último, y sobre el supuesto "ataque cibernético masivo denunciado contra el sistema electoral venezolano," que la Sala en sus decisiones iniciales declaró que también sería objeto del "proceso de peritaje" que inventó, nada verificó ni resolvió, y solo remitió el asunto a la decisión del Fiscal para que verificase si las denuncias "pudiesen configurar presuntas conductas antijurídicas, delitos comunes, electorales y constitucionales, en contravención del ordenamiento jurídico."

Sin embargo, el Consejo Nacional Electoral en el Comunicado publicado el 26 de agosto de 2024, consideró falsamente que la sentencia "corroboró el ataque cibernético masivo sufrió por nuestro sistema electoral."[170] La "sentencia," al menos en la parte publicada, nada dijo sobre esto.

III. LA NULIDAD DE LA SENTENCIA Y SUS CONSE-CUENCIAS

De todo lo dicho en las páginas anteriores, salta a la vista que esta "sentencia" es contraria al ordenamiento jurídico venezolano, y a cualquier principio universal sobre lo que es un Estado de derecho, por lo que puede considerarse nula y sin valor alguno.

---

[169] Véase "OEA repudia la citación de la justicia chavista a Edmundo González para declarar en Venezuela: "La fiscalía es un instrumento de la opresión," en *Morfema Press*, 26 de agosto de 2024, disponible en: https://morfema.press/actualidad/oea-repudia-la-citacion-de-la-jus ticia-chavista-a-edmundo-gonzalez-para-declarar-en-venezuela-la-fis calia-es-un-instrumento-de-la-opresion/.

[170] Véase el Comunicado Oficial CNE, de 26 de agosto de 2024, disponible en: https://x.com/ReporteYa/status/182810978120015875 9/photo/2.

Por ello, por ejemplo, el 23 de agosto de 2024 el excandidato Enrique Márquez anunció públicamente que presentaría ante la Sala Constitucional del Tribunal Supremo un recurso de revisión constitucional contra la sentencia.[171]

Así lo resumió a nivel nacional, el mismo día en el cual la misma se publicó, por ejemplo, el Decano de la Facultad de Derecho de la Universidad Central de Venezuela, profesor Juan Carlos Apitz, al indicar que se trataba de:

"una sentencia nula, y como decimos los abogados, nula, de nulidad absoluta; no tiene ninguna existencia en el mundo jurídico.

Por muchas razones, la primera de ellas, porque la Sala Electoral, desde un comienzo, arrebató competencias que pertenecen al Consejo Nacional Electoral, y el artículo 138 de nuestra la Constitución es absolutamente claro: "Toda autoridad usurpada es ineficaz y sus actos son nulos." Por eso, esta sentencia es nula.

Pero también es nula, porque se les olvidó que, entre otras cosas, el día martes 20 fue recusada la presidenta de la Sala Electoral por falta de imparcialidad. Su parcialidad política es evidente, ser militante del Partido Socialista Unido de Venezuela es lo que lo que motivó esa recusación.

¿Cómo es que pudieron dictar esa sentencia y ni siquiera está resuelta la recusación que fue presentada el día martes por el ciudadano Enrique Márquez?

---

[171] Véase las declaraciones de Enrique Márquez, en rueda de prensa, 23 de agosto de 2024. Disponible en: https://x.com/ENRIQUEMAR QUEZP/status/1827029320683942320?t=Lx9zE0ox6KwucyRFLMp 81Q&s=08; y en: https://morfema.press/actualidad/enrique-marquez-anuncia-que-solicitara-revision-del-fallo-del-tsj/.

Y lo más importante, es nula, porque esta sentencia se pone de espaldas a la soberanía popular: el 28 de Julio los venezolanos expresaron su opinión."[172]

Y de allí lo expresado ese mismo día de publicación de la sentencia, por el excandidato Edmundo González Urrutia al expresar que:

"Ninguna sentencia detendrá la verdad de lo ocurrido el 28 de julio, ni está por encima de la soberanía popular. Intentar judicializar los resultados de las elecciones, no cambia la verdad: ganamos abrumadoramente y tenemos las actas que lo demuestran.

Desde que Nicolás Maduro acudió al que debería ser el Máximo Tribunal de la Nación, sabíamos que no buscaba otra cosa que negar la verdad y seguir escondiendo las Actas con una irrita decisión judicial.

Dictaron una sentencia para complacer al régimen, una sentencia que, en lugar de abrir el camino a la paz, solo agudizará la crisis que vivimos. El mundo sabe que el TSJ desde hace mucho tiempo dejó de ser un tribunal imparcial y al servicio de la justicia, para convertirse en el brazo ejecutor de Nicolás Maduro.

Señores del CNE, no se escondan detrás de un Tribunal. Asuman su papel y respeten los resultados. Muestren las Actas, mesa por mesa, y den paso a una auditoría internacional, imparcial, independiente y confiable. Eso es lo único que deben hacer.

---

[172] Disponible en; https://www.instagram.com/reel/C-_Wd7JO9NR/?igsh +MWRzbzkyYTBu-ZG00dw== Véase, además: "Decano de la UCV dice que validación electoral del TSJ es nula y desconoce la voluntad popular. Juan Carlos Apitz argumentó que la sentencia carece de validez en lo jurídico, ya que la Sala Electoral del TSJ usurpó competencias del Consejo Nacional Electoral," en *Diario Las Américas*, 24 de agosto de 2024, disponible en: https://www.diariolas americas.com/america-latina/decano-la-ucv-dice-que-validacion-elec toral-del-tsj-es-nula-y-desconoce-la-voluntad-popular-n5362406.

Por más vericuetos que busquen, la verdad se impondrá y nuestra amada Venezuela entrará por el camino de la justicia, la paz y la libertad."[173]

La realidad, frente a la sentencia, como lo expresó el también excandidato presidencial Enrique Márquez:

"Venezuela sabe lo que pasó el 28J. Los electores saben lo que pasó. Los testigos saben lo que pasó. El Plan República sabe lo que pasó. El CNE sabe lo que pasó. El TSJ sabe lo que pasó. El mundo sabe lo que pasó."[174]

Eso explica que, en relación con la sentencia de la Sala Electoral, el 23 de agosto de 2024, el Sr. Enrique Márquez, al considerarla nula, anunció que presentaría ante la Sala Constitucional del Tribunal Supremo un recurso de revisión constitucional [175]

En todo caso, aparte de las reacciones nacionales, en el mundo internacional, no es de extrañar que la pauta que sin duda marcó la reacción internacional frente a esta sentencia, la dió el Presidente Gabriel Boric de Chile, al pronunciarse sobre la decisión del Tribunal Supremo de Justicia, apenas la misma se publicó, expresando al mundo que:

"Hoy el TSJ de Venezuela termina de consolidar el fraude. El régimen de Maduro obviamente acoge con entusiasmo su sentencia que estará signada por la infamia. No hay duda de que estamos frente a una dictadura que falsea elecciones, reprime al que piensa distinto y es indiferente ante el exilio más grande del mundo solo comparable con el de Siria producto de una guerra.

---

[173] Video publicado en las redes sociales. 22 de julio de 2024.

[174] Disponible en: https://x.com/ENRIQUEMARQUEZP/status/1826662 689663336448

[175] La Información está disponible en: https://x.com/ENRIQUEMAR QUEZP/status/1827029320683942320?t=Lx9zE0ox6K wucyRFLMp 81Q&s=08D

He visto a los ojos a miles de venezolanos que claman democracia su patria y que hoy reciben un nuevo portazo. Chile no reconoce este falso triunfo autoproclamado de Maduro y compañía.

Seguro por nuestra postura recibiremos (como es costumbre) insultos por parte de sus autoridades. No saben que como decía Huidobro "el adjetivo cuando no da vida, mata", y ellos han asesinado la palabra democracia.

La dictadura de Venezuela no es la izquierda. Es posible y necesaria una izquierda continental profundamente democrática y que respete los derechos humanos sin importar el color de quien los vulnere. Un progresismo transformador que mejore las condiciones de vida de su pueblo construyendo comunidad en vez de individualismo, encuentro por sobre polarización. Hacia allá caminamos en Chile.

Mis respetos a todo el pueblo venezolano que lucha por la democracia, la justicia y la libertad."[176]

Por ello, de seguidas se produjo con fecha 23 de agosto de 2024, la emisión de un "Comunicado Conjunto sobre sentencia TSJ Venezuela," por parte de los Gobiernos de Argentina, Costa Rica, Chile, Ecuador, Estados Unidos, Guatemala, Panamá, Paraguay, Perú, República Dominicana y Uruguay, en la cual expresaron que:

"rechazamos categóricamente el anuncio del Tribunal Supremo de Justicia (TSJ) de Venezuela, que el día de ayer indicó haber concluido una supuesta verificación de los resultados del proceso electoral del 28 de julio, emitidos por

---

[176] Véase el reportaje de Naiara Galarraga Gortázar y Federico Rivas Molina, "Gabriel Boric: "El Supremo de Venezuela termina de consolidar el fraude," en *El País*, 22 de agosto de 2024, disponible en: https://elpais.com/america/2024-08-22/gabriel-boric-el-supremo-de-venezuela-termina-de-consolidar-el-fraude.html

el Consejo Nacional Electoral (CNE), y que pretende convalidar los resultados sin sustento emitidas por el órgano electoral.

Nuestros países ya habían manifestado el desconocimiento de la validez de la declaración del CNE, luego de que se impidió acceso a los representantes de la oposición al conteo oficial, la no publicación de las actas y la posterior negativa a realizar una auditoría imparcial e independiente de todas ellas.

La Misión Internacional Independiente de Determinación de los Hechos sobre la República Bolivariana de Venezuela alertó sobre la falta de independencia e imparcialidad de ambas instituciones, tanto del CNE como el TSJ.

Los países que suscriben reiteran que solo una auditoria imparcial e independiente de los votos, que evalúe todas las actas, permitirá garantizar el respeto a la voluntad popular soberana y la democracia en Venezuela.

Al igual que el resto de la comunidad democrática internacional, continuaremos insistiendo en el respeto a la expresión soberana del pueblo venezolano que el pasado 28 de julio se pronunció de manera pacífica y contundente.

En igual sentido, expresamos nuestra profunda preocupación y rechazo por las violaciones a los Derechos Humanos perpetradas contra los ciudadanos que pacíficamente reclaman el respeto al voto de la ciudadanía y el restablecimiento de la democracia."[177]

---

[177] Disponible en: https://monitoreamos.com/destacado/once-paises-ame ricanos-rechazan-el-fallo-del-tsj-que-convalido-el-fraude-de-maduro. Véase lo expuesto por otros líderes latinoamericanos en el reportaje: "Líderes de Latinoamérica reaccionan al pronunciamiento del Tribunal Supremo de Maduro en Venezuela," en *Morfema Press*, 22 de agosto

En sentido similar, el 23 de agosto se pronunció el Secretario General de la Organización de Estados Americanos, y el gobierno de los Estados Unidos.[178]

Igualmente se pronunciaron los gobiernos de España y de Canadá,[179] y los expresidentes agrupados en la Iniciativa

---

de 2024, disponible en: https://morfema.press/actualidad/lideres-de-latinoamerica-reaccionan-al-pronunciamiento-del-tribunal-supremo-de-maduro-en-venezuela/ Véase también: "Líderes de Latinoamérica reaccionan al pronunciamiento del Tribunal Supremo de Maduro en Venezuela," en *Morfema Press*, 22 de agosto de 2024, disponible en: https://morfema.press/actualidad/lideres-de-latinoamerica-reaccionan -al-pronunciamiento-del-tribunal-supremo-de-maduro-en-venezuela/.

[178] La Secretaría General de la Organización de los Estados Americanos (OEA) rechazó "rotundamente el fallo emitido por la Sala Electoral del Tribunal Supremo de Justicia (TSJ) de Venezuela, en que "certifica" el material electoral supuestamente peritado y "convalida categórica-mente" los resultados emitidos por el Consejo Nacional Electoral (CNE), con base en los cuales declaró ganador a Nicolás Maduro en la Elección Presidencial del 28 de julio de 2024." 23 de agosto de 2024, disponible en: https://x.com/Almagro_OEA2015/status/1827017810 792362464/photo/1. El portavoz Adjunto Principal, Vedant Patel, Embajada de EEUU, Venezuela, en una Declaración "Sobre la sentencia del Tribunal Supremo de Justicia de Venezuela," expresó el mismo 23 de agosto que el "fallo carece de toda credibilidad, dada la abrumadora evidencia de que González recibió la mayoría de los votos el 28 de julio. Las actas de escrutinio disponibles públicamente y verificadas de manera independiente demuestran que los votantes venezolanos eligieron a Edmundo González como su futuro líder. La voluntad del pueblo venezolano debe ser respetada." Disponible en: https://ve.usembassy.gov/es/sobre-la-sentencia-del-tribunal-supremo-de-justicia-de-venezuela/.

[179] El Ministro de Relaciones Exteriores de España expresó el 26 de agosto de 2024, que "No vamos a reconocer ningún resultado electoral si no se exhiben las actas de todas las mesas y pueden ser verificadas por la oposición y por los organismos independientes," en *El Nacional*, 26 de agosto de 2024, disponible en: https://www.elnacional.com/venezuela /espana-no-reconocera-la-victoria-de-maduro-ni-de-la-oposicion-si-no-se-verifican-las-actas/. El Gobierno de Canadá expresó que la decisión

Democrática España y las Américas IDEA, en una *"Declaración sobre el golpe de estado contra la soberanía popular en Venezuela"* en la cual califican la sentencia del Tribunal Supremo de Justicia de Venezuela, como "un acto de usurpación de competencias constitucionales propias del Poder Electoral," y manifestaron lo siguiente:

"Dicha decisión constituye un típico golpe de Estado contra la soberanía popular, expresada en la clara decisión de los venezolanos de elegir presidente de la República a Edmundo González Urrutia el pasado 28 de julio, tal como lo confirman los informes técnicos de la ONU, la OEA y el Centro Carter.

Basamos esta declaración en el ocultamiento de las actas de votación y en la falta de los escrutinios públicos que debió realizar de manera exclusiva, autónoma, transparente y constitucional el Consejo Nacional Electoral, como poder público constituido [...].

Resaltamos que, de consumarse este golpe de Estado se le habrá dado un puntillazo final a todos los elementos esenciales de la democracia en Venezuela, como lo son el acceso al poder conforme al Estado de Derecho, el respeto a los derechos humanos, las elecciones libres, justas y basadas en el sufragio universal y secreto como expresión de la soberanía del pueblo, la existencia de partidos políticos, y la separación e independencia de los poderes públicos, tal como los dispone la Carta Democrática Interamericana. Y al respecto, la Corte Interamericana ha

---

adoptada por el Tribunal Supremo "no es creíble en vista de la clara preferencia expresada por el pueblo de Venezuela con base en la evidencia disponible". Véase la información en "Canadá calificó de no creíbles la sentencia del TSJ sobre el triunfo de Maduro," en *El Nacional*, 24 de agosto de 2024, disponible en: https://www.elnacional.com/mundo /canada-califico-de-no-creibles-la-sentencia-del-tsj-sobre-el-triunfo-de-maduro/.

dicho claramente que "la concentración del poder implica la tiranía y la opresión."[180]

En sentido similar, los excancilleres de México, Ecuador, Perú, Colombia, Chile, Paraguay, Argentina, Uruguay, Brasil y Panama, expresaron su:

> "acuerdo con la Misión de la ONU para la determinación de los hechos en Venezuela en cuanto a que el Tribunal Supremo de Justicia (TSJ) de ese país carece de imparcialidad e independencia, y junto al Consejo Nacional Electoral, han desempeñado un papel dentro de la maquinaria represiva del Estado. Por tanto, el pronunciamiento del TSJ avalando los resultados electorales en favor de Nicolás Maduro no tiene validez, además de ser inconstitucional.

> Apoyamos los esfuerzos diplomáticos de facilitación para una transición democrática. y creemos que, para ello, el régimen venezolano debe respetar la soberanía popular expresada en las urnas, y publicar las actas de votación desagregadas para que sean sometidas a verificación independiente con presencia internacional."[181]

---

[180] Disponible en: https://www.lapatilla.com/2024/08/23/grupo-idea-emitio -declaracion-sobre-la-decision-del-tsj-es-un-golpe-de-estado-contra-la-soberania-popular/ El cuanto, al expresidente Pastrana, además, escribió que: "Lo que estamos viendo en Venezuela es un claro golpe de Estado. Nicolás Maduro ha manipulado sin recato los procesos electorales para mantenerse en el poder, sin el respaldo del pueblo venezolano. Esta situación socava la democracia en Venezuela y amenaza la estabilidad de la región," Véase Andrés Pastrana, "Andrés Pastrana: "Nicolás Maduro dio un golpe de Estado," en *El Nacional,* 31 de julio de 2024, disponible en: https://www.elnacional.com /venezuela/andres-pastrana-nicolas-maduro-dio-un-golpe-de-estado/

[181] Véase en "Excancilleres latinoamericanos aseguraron que el fallo del TSJ «no tiene validez," en Monitoreamos, 26 de agosto de 2024, disponible en: https://monitoreamos.com/destacado/13-excancilleres-latinoamericanos-aseguran-que-el-fallo-del-tsj-no-tiene-validez-y-es-inconstitucional

Y la misma orientación de opinión, se reflejó en la prensa internacional. Baste citar, lo expresado en el editorial del diario *El País* de España, del 22 de agosto de 2024:

"El Tribunal Supremo de Justicia de Venezuela, un órgano controlado por el chavismo y que carece de independencia, consumó este jueves la argucia con la que el presidente, Nicolás Maduro, quería revestir de legalidad el supuesto triunfo electoral que obtuvo el pasado 28 de julio y del que aún no ha mostrado una sola prueba. El Supremo no solo validó la victoria del líder chavista, pese a la falta notable de transparencia, sino que pidió responsabilidades al candidato opositor, Edmundo González, y a quienes publicaron las actas que están en poder de la oposición, que contradicen la versión oficial y muestran una victoria de González. La decisión apunta a un recrudecimiento de la represión en Venezuela."[182]

Y lo expresado en el *The New York Times* que leí hoy 23 de agosto de 2024:

"El máximo tribunal de Venezuela decidió el jueves que el líder autoritario del país, Nicolás Maduro, ganó las elecciones presidenciales del 28 de julio, a pesar de la abrumadora evidencia de que el oponente de Maduro obtuvo la mayor cantidad de votos.

La decisión del Tribunal Supremo de Justicia afirmó que el reclamo de victoria de Maduro se basaba en un informe de un grupo de "expertos nacionales e internacionales" y estaba "respaldado por los informes de conteo emitidos por cada una de las máquinas de votación". Pero el Tribunal, repleto de aliados de Maduro, no compartió

---

[182] Véase "Burda maniobra en Venezuela. La certificación de Maduro como ganador de las elecciones es una deriva autoritaria intolerable que confirma los peores augurios," Editorial *El País*, 22 de agosto de 2024, disponible en: https://elpais.com/opinion/2024-08-23/burda-maniobra-en-venezuela.html.

ningún recuento que respalde esta afirmación, a pesar de las demandas de miles de venezolanos que han protestado en las calles, así como de muchos en la comunidad internacional, de que su gobierno presente pruebas de su victoria.

La decisión sorprendió a pocos venezolanos, ya que el Tribunal ha sido utilizado durante mucho tiempo para respaldar las políticas de Maduro, quien probablemente utilizará este fallo para fortalecer su reclamo a la presidencia. Está previsto que su nuevo mandato comience en enero y se extienda hasta 2031.

También es probable que Maduro utilice la decisión para argumentar que no debería entablar negociaciones con Estados Unidos, Colombia y Brasil, que han tratado de convencer a su gobierno de que publique pruebas de su reclamo de victoria, reconozca el resultado real de la votación y acepte una transición de poder si el recuento muestra una pérdida."[183]

En todo caso, puede afirmarse que la sentencia dictada por la Sala Electoral no solo puede considerarse como uno de los errores más destacados del régimen,[184] sino como un ejercicio inútil, que no ha convencido a nadie en el mundo interna-

---

[183] Véase Julie Turkewitz y Genevieve Glatsky, "Venezuela's Top Court Rule Maduro Winner, Contrary to Evidence," en *The New York Times*, 23 de agosto de 2024, p. A7. Por su parte, el Editorial del *The Wall Street Journal,* expresaba; "La dictadura de Caracas oficializó el jueves su robo de las elecciones presidenciales venezolanas del 28 de julio, cuando el Tribunal Supremo declaró ganador al dictador Nicolás Maduro," 26 de agosto de 2024, p.A-16

[184] Véase, por ejemplo, la opinión de Omar González Moreno, "El peor error de Maduro," en *Morfema Press*, 24 de agosto de 2024, disponible en: https://morfema.press/opinion/el-peor-error-de-maduro-por-omar-gonzalez-moreno/

cional,[185] excepto Cuba, Bolivia, Nicaragua y demás países del ALBA (Dominica, Antigua y Barbuda, San Vicente y las Granadinas, San Cristóbal y Nieves, Granada, Santa Lucía).[186]

Por ello, por ejemplo, Joseph Borrell, aún después de dictarse la sentencia insistió en que "la UE no reconocerá a Nicolás Maduro como presidente de Venezuela hasta que no se entreguen y puedan ser verificadas las actas electorales."[187] Posteriormente, el Consejo de Europa en reunión del 29 de agosto de 2024 decidió no reconocer a Nicolás Maduro como presidente legítimo de Venezuela ante la ausencia de las actas que prueben su supuesto triunfo en las elecciones del 28 de julio, indicando que:

"Como no hay actas y no hay verificación, y *tememos que nunca la habrá*, no podemos aceptar la legitimidad de Maduro como presidente electo. El Consejo decidió que Maduro no tiene legitimidad democrática como presidente. Seguirá siendo presidente de facto, sí, de facto. Pero

---

[185] Véase por ejemplo el reportaje: "Sentencia del TSJ no convenció a nadie: Maduro sigue igual de aislado," en *Morfema Press*, 24 de agosto de 2024, disponible en: https://morfema.press/actualidad/sentencia-del-tsj-no-convencio-a-nadie-maduro-sigue-igual-de-aislado/.

[186] Véase en: "La ALBA pide a la comunidad internacional que respete la reelección de Nicolás Maduro," en *yahooNoticias*, EFE, 26 de agosto de 2024, disponible en: https://es-us.noticias.yahoo.com/alba-pide-comunidad-internacional-respete-221447657.html.

[187] "La Unión Europea manifestó este sábado que las autoridades de Caracas no han aportado la «evidencia pública necesaria» para declarar a Nicolás Maduro presidente de Venezuela, por lo que le reconocerá como tal hasta tener resultados «completos y verificables independientemente» de las actas electorales." En "La UE sólo reconocerá resultados «completos y verificables» de las elecciones en Venezuela," en *El Nacional*, 23 de agosto de 2023, disponible en: https://www.elnacional.com/mundo/ue-reconocera-resultados-completos-y-verificales-en-venezuela/.

negamos la legitimidad democrática en función de un resultado que no se puede verificar."[188]

Por su parte, los Presidentes Ignacio Lula y Gustavo Petro, en declaración conjunta, igualmente emitida luego de conocerse la sentencia de la Sala Electoral, indicaron que: "Ambos presidentes siguen convencidos de que la credibilidad del proceso electoral sólo podrá restablecerse mediante la publicación transparente de datos desglosados y verifica-bles."[189] Incluso, el Presidente Manuel López Orador de México, quien había expresado que había que esperar se dictase la sentencia para pronunciarse sobre el tema de las elecciones en Venezuela, con fecha 23 de agosto, después de dictada la sentencia, expresó que no se pronunciaba sobre ella, pero

---

[188] Así lo expresó el alto representante para Asuntos Exteriores de la Unión Europea, Josep Borrell, en rueda de prensa al concluir una reunión informal del Consejo Europeo, en la que escucharon al abanderado opositor, Edmundo González Urrutia, agregando que: Es demasiado tarde para seguir pidiendo las actas." Véase el video de la rueda de prensa, que está disponible en: https://x.com/monitoreamos/status/1829214970816671801?s=48&t=JpoMSMF48sBtAOKSYP-Yj Aeu. Véase, además: "Consejo Europeo no reconocerá a Maduro como presidente: Es tarde para pedir las actas," en *TalCual*, 29 de agosto de 2024 disponible en: https://talcualdigital.com/consejo-europeo-no-reconocera-a-maduro-como-presidente-es-tarde-para-pedir-las-acta/.

[189] Véase el post sobre la Declaración Conjunta, 23 de agosto de 2024, en el sitio de la Cancillería de Colombia, disponible en: https://cancilleria.gov.co/newsroom/publiques/declaracion-conjunta-brasil-colombia; y en el sitio de X de Lula, disponible en: https://x.com/LulaOficial/status/1827473405454451012?ref_src=twsrc%5Etfw%7Ctwcamp%5Etweetembed%7Ctwterm%5E1827473405454451012%7Ctwgr%5Ed1cf1b783bdcc078cb3c9c9372a6797d28d699ae%7Ctwcon%5Es1_&ref_url=https%3A%2F%2Fwww.elnacional.com%2Fmundo%2Flula-y-petro-insisten-en-publicacion-de-las-actas-en-venezuela%2F. Véase igualmente en "Lula y Petro se distancian de Maduro e insisten en la publicación de las actas tras fallo del TSJ," en *El Nacional*, 23 de agosto de 2024, disponible en: https://www.elnacional. com/mundo/lula-y-petro-insisten-en-publicacion-de-las-actas-en-vene zuela/

ignorándola, sin decirlo, expresó que prefería esperar a que se hicieran públicas las actas de escrutinio.[190]

IV. LA MÁS ABSURDA ORDEN DE LA SENTENCIA: LA REMISIÓN DE LOS AUTOS AL MINISTERIO PÚBLICO Y LA ORDEN DE DETENCIÓN DEL CANDIDATO GANADOR EN LA ELECCION DEL 28 DE JULIO

En la sentencia No. 32 del 22 de agosto de 2024, después de "decidir" el llamado "proceso de peritaje' como especie de colofón siniestro y bárbaro, la Sala Electoral acordó remitir "de manera *urgente"* copia certificada de la decisión, cuyo texto completo sin embargo no se conoció, al *Fiscal General de la República*, "a los fines de que sea incorporada a las investigaciones de carácter penal que, sobre los hechos irregulares, adelanta esa Institución." La Sala, agregó que ello lo hacía "en virtud de los documentos presuntamente falsos o forjados, cargados en la página web www.resultadospresiden cialesvenezuela2024.com," calificando, así inicuamente, lo que más de cien mil personas, entre miembros de Mesa, testigos, representantes y militares habían recolectado de Actas de Escrutinio durante la noche del 28 de julio para que se pudiera, en una impecable organización, cargar toda la información que está en dicha página web.

---

[190] Véase la noticia "AMLO dice que prefiere esperar las actas antes de reconocer la sentencia del TSJ de Venezuela",' en *CNN Español*, 23 de agosto de 2024, disponible en: https://cnnespanol.cnn.com/video /actas-venezuela-opinion-amlo-perspectivas-mexico-tv/; y en Rubi Martínez, "López Obrador insiste en esperar la publicación de actas electorales de Venezuela para reconocer el triunfo de Maduro," en *Infobae,* 23 de agosto de 2024, disponible en: https://www.infobae. com/mexico/2024/08/23/amlo-insiste-en-esperar-la-publicacion-de-actas-electorales-de-venezuela-para-reconocer-el-triunfo-de-maduro-vamos-a-esperar/.

Como hemos señalado, ante la reacción inmediata del Fiscal General de la República de iniciar la persecución del Sr. González Urrutia, convocándolo reiteradamente a una "entrevista" sobre los presuntos delitos citados,[191] sin siquiera indicar norma alguna que la sustentase, en una tercera invitación formuló la amenaza de que su falta de comparecencia se iba a considerar que estaba en situación de *peligro de fuga* y de *peligro de obstaculización*, por lo que tramitaría la correspondiente Orden de Aprehensión."[192]

Por ello, el Secretario General de la Organización de Estados Americanos, sobre la "citación" por parte del Fiscal General al Sr. González Urrutia expresó:

"Repudio y condeno la 'citación' del fiscal general de Venezuela a Edmundo González Urrutia para declarar sobre supuestos delitos.

Dicha citación no ofrece garantías, es propia de su actuación caracterizada por la persecución política y la violación sistemática de DDHH. La actuación del fiscal general y del sistema judicial sigue siendo instrumental en la represión y opresión política."[193]

---

[191] Véase la información: "Fraude en Venezuela: la Fiscalía chavista citó a declarar a González Urrutia por una investigación penal. El fiscal general, Tarek William Saab, dijo que el candidato opositor deberá presentares ante la Justicia por la presunta comisión de delitos asociados a la denuncia de fraude electoral que ha hecho el antichavismo," en Infobae, 23 de agosto de 2024, disponible en: https://www.infobae.com/venezuela/2024/08/23/fraude-en-venezuela-la-fiscalia-chavista-citara-a-gonzalez-urrutia-por-una-investigacion-penal/?outputType=amp-type.

[192] Oficio No. Oo-DGCDC-F58-1310-2024 de 29 de agosto de 2024, Dirección general contra Delitos Comunes, Fiscalía No, 58, Nacional Plena.

[193] Véase "OEA repudia la citación de la justicia chavista a Edmundo González para declarar en Venezuela: "La fiscalía es un instrumento

La barbarie afloró, sin embargo, una vez más con la forma insólita y con celeridad inusitada, en la cual la amenaza que había formulado el Fiscal General se ejecutó. Así, procedió a solicitar ante un Juez Penal con fecha 2 de septiembre de 2024, que se dictara una "orden de aprehensión" en contra del Sr. Edmundo González, sin que se supiera si se le había "imputado" delito alguno, "por la presunta comisión" de los delitos de *"usurpación de funciones," "forjamiento de documento público," "instigación a la desobediencia de las leyes," "conspiración," "sabotaje"* y *"asociación"* "cometido en perjuicio del Estado venezolano;" y en la misma fecha, el Juez Penal requerido, "acordó la *orden de aprehensión* solicitada" contra Edmundo González Urrutia, en la causa que se le sigue por esos mismos delitos, para que fuera presentado ante el Tribunal para la audiencia de presentación.[194]

Contra este signo de barbarie judicial, la protesta de todos los líderes de la oposición venezolana fue contundente,[195]

---

de la opresión," en *Morfema Press*, 26 de agosto de 2024, disponible en: https://morfema.press/actualidad/oea-repudia-la-citacion-de-la-jus ticia-chavista-a-edmundo-gonzalez-para-declarar-en-venezuela-la-fis calia-es-un-instrumento-de-la-opresion/.

[194] Véase el texto de los documentos sobre dicha orden de aprehensión en: "Tribunal emitió orden de aprehensión contra Edmundo González," en *Morfema Press*, 2 de septiembre de 2024, disponible en: ttps://morfema.press/actualidad/tribunal-emitio-orden-de-aprehension-contra -edmundo-gonzalez/.

[195] Véase la reseña de las manifestaciones de los líderes de la oposición en "Oposición venezolana unida rechaza la orden de detención contra Edmundo González," en *Morfema Press,* 3 de septiembre de 2024, disponible en: ttps://morfema.press/actualidad/oposicion-venezolana-unida-rechaza-la-orden-de-detencion-contra-edmundo-gonzalez/z.

habiendo la Unidad Democrática que apoyó al Sr. González expresado lo siguiente:

"El país exige son las actas de escrutinio, no órdenes de aprehensión Desde la Plataforma Unitaria expresamos nuestra rotunda condena a la profundización de la persecución política en contra de @EdmundoGU.

Los venezolanos y el mundo miran con indignación a un régimen que no fue capaz de publicar en el tiempo legal previsto ni un acta que soporte el fraudulento resultado anunciado por el CNE, pero que sí es capaz de construir en minutos una orden de aprehensión en contra del ganador de la elección presidencial.

Esto evidencia que el régimen pretende seguir violando el ejercicio de la soberanía popular expresada el pasado 28 de julio en favor de un cambio político en el país. Esta írrita orden de aprehensión en contra del presidente electo por el voto mayoritario del pueblo venezolano es también en contra de los más de 8 millones de venezolanos que votaron por él." [196]

En igual sentido fueron las reacciones de los líderes y gobiernos en el mundo. Por ejemplo, Alberto Klaveren, Canciller de Chile, expresó:

"Condenamos la orden de aprehensión contra el líder opositor Edmundo González. Se trata de un nuevo atentado del régimen de Venezuela al estado de derecho. Llamamos al respeto de los principios democráticos, los DDHH y las

---

[196] Véase Plataforma Unitaria, cuenta x, 3 de septiembre de 2024, disponible en: https://x.com/unidadvenezuela/status/1830791880218456101?t=TSb HTqS5yIkBmc80i_NCHQ&s=19.

libertades fundamentales de todas y todos los venezolanos."[197]

Los Presidentes Lula y Petro de Brasil y Colombia emitieron el siguiente Comunicado Conjunto:

"Los gobiernos de Brasil y Colombia expresan profunda preocupación por la orden de detención emitida el 2 de septiembre por una Corte venezolana contra el candidato presidencial Edmundo González Urrutia.

Esta medida judicial afecta gravemente los compromisos asumidos por el Gobierno venezolano bajo los Acuerdos de Barbados, en los que gobierno y oposición reafirmaron su compromiso de fortalecer la democracia y promover una cultura de tolerancia y convivencia. También dificulta encontrar una solución pacífica, basada en el diálogo entre las diferentes fuerzas políticas venezolanas." [198]

Mediante Comunicado Conjunto, los Gobiernos de Argentina, Costa Rica, Guatemala, Paraguay, Perú, República Dominicana y Uruguay, expresaron que:

"rechazamos de manera inequívoca y absoluta la orden de arresto emitida por el Juez del Juzgado Especial Primero del Tribunal Supremo de Justicia de Venezuela en contra del señor Edmundo González, candidato presidencial de la oposición en el pasado proceso electoral del 28 de julio del 2024.

Dicha orden de aprehensión cita varios supuestos delitos que no son más que otro intento de silenciar al señor

---

[197] Disponible en: ttps://x.com/AlbertoKlaveren/status/18309642367613 42022?t=XPk_W2AK6G62JvE3S5zCZQ&s=08.

[198] Véase Comunicado de 3 de septiembre de 2024. Disponible en: https://x.com/cancilleriacol/status/1831106083521277971.

González, desconocer la voluntad popular venezolana, y constituye persecución política."[199]

El Sr. Brian A. Nichols del Departamento de Estado de los EEUU expresó:

"En lugar de reconocer su derrota electoral y prepararse para una transición pacífica en Venezuela, Maduro ha ordenado ahora el arresto del líder democrático que lo derrotó abrumadoramente en las urnas. Edmundo González ha promovido la reconciliación nacional, y nos sumamos a la creciente lista de socios internacionales que condenan esta orden de arresto injustificada."[200]

Por su parte, la Secretaría General de la Organización de los Estados Americanos (OEA) expresó que:

"condena el pedido de captura emitido por las autoridades del régimen en Venezuela contra Edmundo González. La persecución política, esta vez en forma de orden de aprehensión del candidato opositor que aparece como ganador en las pasadas elecciones conforme a la única información documental disponible a más de un mes de realizadas las elecciones, constituye un crimen más en la permanente y continua lógica jurídica de

---

[199] Véase Comunicado de 3 de septiembre de 2024. Disponible en: https://x.com/AlertaMundoNews/status/1830879673825321431?ref_s rc=twsrc%5Etfw%7Ctwcamp%5Etweetembed%7Ctwterm%5E18308 79673825321431%7Ctwgr%5Eb20a1be824b6ae88fc5b995050997a2 8a5b6e056%7Ctwcon%5Es1_&ref_url=https%3A%2F%2Fmorfema. press%2Fdestacada%2Fsiete-paises-de-america-latina-rechazan-de-manera-inequivoca-y-absoluta-la-orden-de-arresto-contra-edmundo-gonzalez-urrutia%2F.

[200] Véase Brian Nichols, en su cuenta X, 3 de septiembre de 2024. Disponible en: https://x.com/WHAAsstSecty/status/18309765557884643 93?t=65GYEzfetJsbo79UayGZOw&s=08.

violación sistemática de los derechos humanos en el país."[201]

Y en la misma orientación Joseph Borrell, Alto Representante de la Unión Europea, expresó su: "Rechazo categóricamente la orden de aprehensión contra Edmundo González y exhorto a las autoridades venezolanas a que respeten su libertad, integridad y derechos humanos;"[202] y el Presidente del Consejo Europeo le expresó al Sr. González "el pleno apoyo de la UE en estas circunstancias tan difíciles" agregando que "la represión y el acoso a la oposición y a la sociedad civil deben cesar. La voluntad del pueblo venezolano debe prevalecer."[203]

Ahora bien, ante la persecución en contra del candidato ganador en las elecciones presidenciales del 28 de julio, Sr. Edmundo González Urrutia, no sólo manifestó no tener planes de solicitar asilo político, [204] sino que el 4 de septiembre de 2024 consignó ante en Ministerio Público a través de su abogado el profesor José Vicente Haro una comunicación en la cual se

---

[201] Comunicado de la Secretaría de la OEA, 3 de septiembre de 2024, Disponible en: https://x.com/Almagro_OEA2015/status/1830999 69 7927868921?t=4SFWvvUHSgucjfTDqHoafw&s=08;

[202] Véase "Borrell rechaza orden de detención contra Gutiérrez Urrutia y pide respetar su integridad," en Swissinfo.ch, 3 de septiembre de 2024, disponible en: https://www.swissinfo.ch/spa/borrell-rechaza-orden-de -detención-contra-gutiérrez-urritia-y-pide-respetar-su-integridad/8748 865

[203] Véase la referencia en la reseña: "Consejo Europeo solicita «pleno respeto» a la libertad y derechos de Edmundo González," en TalCual, 3 de septiembre de 2024, disponible en: https://talcualdigital.com/consejo-europeo-solicita-pleno-respeto-a-la-libertad-y-derechos-de-edmundo-gonzalez/

[204] Así lo expresó su abogado profesor José Vicente Haro. Véase en: "Edmundo González Urrutia descartó solicitar asilo político tras orden de captura en su contra," en *Morfema Press*, 4 de septiembre de 2024, disponible en: https://morfema.press/actualidad/edmundo-gonzalez-urrutia-descarto-solicitar-asilo-politico-tras-orden-de-captura-en-su-contra/

refirió a las citaciones que me la había enviado el Ministerio Público y las amenazas proferidas, haciéndole saber sus razones para no comparecer, basadas en su convencimiento sobre "la falta de fundamento de tales citaciones," indicándole que:

"la Plataforma Unitaria Democrática, en la declaración que le adjunto, ha aclarado que no era mi responsabilidad la digitalización, resguardo y publicación de los ejemplares de actas de escrutinio que recibieron nuestros testigos en las mesas de votación, En todo caso, considero que no se han usurpado funciones del Consejo Nacional Electoral, ya que el sistema y la normativa electoral de Venezuela contemplan como una de sus garantías de confiabilidad la entrega de ejemplares de actas de escrutinio a testigos acreditados en las meses de votación."

Por otra parte, le explicó al Fiscal que "tal comparecencia solo podría contribuir a intensificar aún más la tensión social, además de consolidar un contexto de judicializacion incriminatoria de la política que todos debemos rechazar," agregando que:

"En este sentido, hay que tener en cuenta que en las últimas semanas se han emitido declaraciones públicas de altos voceros gubernamentales y de otras instituciones del Estado que me condenan por anticipado y, como digo, sin fundamento, junto a ello, considero que las referidas acciones no hacen sino incrementar el riesgo de la alteración del orden público, de la puesta en peligro de la seguridad personal y del quiebre de la convivencia pacífica que todos deseamos preservar.

Mi proceder se guía en todo momento por el respeto de la legalidad, en coherencia con mi trayectoria de servicio público a la nación, a la que he dedicado cuarenta de mis setenta y cinco años de vida. Con esa voluntad he actuado en relación con los comicios del pasado 28 de julio reclamando la verificación de las actas de escrutinio de las mesas.

En definitiva, ciudadano Fiscal General, interesa al país que ensanchemos el campo de la política democrática, no que lo estrechemos mediante la judicialización penal de un asunto cuyo protagonismo lo tuvo y lo tiene el pueblo venezolano y debe sustanciarse en ese ámbito." [205]

Y lo más grave de toda esta persecución, usando las instituciones, es que se desató en medio y como parte de la más grave ola de represión política ocurrida en los últimos lustros en Venezuela la cual, ampliamente documentada,[206] ha sido calificada, con razón, como "terrorismo de Estado,"[207] y denunciada ante los Órganos internacionales de protección de derechos humanos.

---

[205] Véase maría Briceño, "Divulgan texto de la carta que Edmundo González envió al Ministerio Público," en *Noticiaaldía,* 4 de septiembre de 2024, disponible en: https://noticialdia.com/politica/divulgan-texto-de-la-carta-que-edmundo-gonzalez-envio-al-ministerio-publico/agiticia a

[206] Véase el *Informe. Crisis postelectoral y de DDHH 2024 en Venezuela. Libro Negro de la Dictadura 2024*, Derechos Humanos en Movimiento, publicado el 29-8-2024, disponible en: https://archive.org/details/informe-ddhhvzla

[207] Como lo calificó María Corina Machado expresando que el Informe "sobre las prácticas de Maduro y su régimen es demoledor. [...] Mi reconocimiento a cada una de las ONG's venezolanas que consiguieron y registraron los desgarradores testimonios y denuncias de lo que pasa en nuestro país desde el 28 de julio." En su cuenta X, 3 de septiembre de 2024, disponible en: ttps://x.com/MariaCorinaYA/status/1831029488601518362

APRECIACIÓN FINAL

De todo lo anteriormente expuesto, quedó confirmado que lo que ocurrió en Venezuela a partir del día 28 de julio de 2024, fue lo que había sido anunciado con anticipación por los más altos voceros políticos del régimen: el desconocimiento de la voluntad popular expresada en las elecciones del 28 de julio de 2024.

No se puede olvidar, como destacamos al inicio de esta *Crónica*, en efecto, que en febrero de 2024, el Presidente Nicolás Maduro anunciaba que respecto de un posible triunfo de la oposición, "nos estamos preparando, *para no permitirlo ni por una vía ni por la otra, ni por las buenas ni por las malas,*"[208] y que tres meses antes de las elecciones, en abril de 2024, refiriéndose también a la oposición, Diosdado Cabello, Vicepresidente del Partido Socialista Unido de Venezuela, dijo que: "*Ni por las buenas ni por las malas; más nunca volverán a gobernar este país*",[209] y un mes después, en mayo de 2024,

---

[208] Véase la reseña: "Maduro dice que impedirá "por las buenas o las malas" que oposición tome el poder en Venezuela," en RCN Noticias, 4 de febrero de 2024, disponible en: https://www.noticiasrcn.com/internacional/maduro-dice-que-impedira-por-las-buenas-o-las-malas-que-oposicion-tome-el-poder-en-venezuela-266427

[209] Véase en *NTN24,* 11 de abril de 2024, disponible en https://www.ntn24.com/noticias-politica/diosdado-cabello-ni-por-las-buenas-ni-por-las-malas-mas-nunca-volveran -a-gobernar-este-pais-483903

después de atacar al Sr. González Urrutia, indicó claramente que *"Ni por las buenas, ni por las malas los vamos a dejar ganar."*[210]

Lo que entonces no se sabía era cómo iban a intentarlo hacer, ante la abrumadora victoria que se vaticinaba de la oposición democrática, producto de una rebelión popular que quería manifestarse mediante el voto y que fue lo que efectivamente ocurrió el 28 de julio de 2024, con unos resultados que, como se sabía, no iban a poder torcer.

Para intentarlo, sin embargo, y tratar de burlar la voluntad popular lo que se hizo fue buscar ignorar las Actas de Escrutinio de las votaciones, Mesa por Mesa, que son los únicos documentos públicos y auténticos que acreditan la votación, ignorando torpemente que todos los que habían participado en el proceso electoral tenían copias de las mismas.

Y así, todo comenzó con la alocución del Presidente del Consejo Nacional Electoral, Elvis Amoroso, en la madrugada del día 29 de julio, cuando anunció como ganador de la elección al Sr. Nicolás Maduro, en la cual le mintió a los venezolanos y al mundo entero, (i) dando un resultado parcial de las votaciones sin respaldo en Totalización alguna de votos con base a las Actas de Escrutinio; (ii) afirmando que el Poder Electoral era el único que tenía *"exclusivas* atribuciones constitucionales y legales" podía totalizar votos, de lo cual se olvidó tan pronto como la Sala Electoral decidió intervenir en la materia; (iii) ofreciendo supuestos resultados luego de supuestamente *"solventar* una agresión en contra del sistema de transmisión de datos que retardaron de manera adversa la transmisión de los resultados de las elecciones presidenciales," pero sin mostrar las

---

[210] Véase "Advertencia, *Cabello* le advierte a la oposición: "Ni por las buenas, ni por las malas los vamos a dejar ganar," en *Diario Las Américas*, 8 de mayo de 2024, disponible en: https://www.diariolas americas.com/america-latina/cabello-le-advierte-la-oposicion-ni-las-buenas-ni-las-malas-los-vamos-dejar-ganar-n5356277

Actas que anunció como recibidas del *"80% de las mesas escrutadas,"* que hablando de hackeo se negó a publicar; (iv) y anunciando que en "las próximas horas" "los *resultados Mesa por Mesa*" estarían "disponibles en la página web del Consejo Nacional Electoral," como siempre se había hecho con anterioridad, lo cual nunca ocurrió, a pesar del sistema automatizado de votación; y que entregaría "a las organizaciones con fines políticos los resultados en un CD conforme a la ley," lo cual tampoco ocurrió en forma alguna.[211]

Luego de estos anuncios, que resultaron todos mentira, el Presidente de la República y excandidato, Sr. Maduro, procedió a solicitar a la Sala Electoral del Tribunal Supremo de Justicia que verificara las votaciones; la cual, en usurpación de las funciones del Poder Electoral, procedió a "inventar" una emboscada "judicial," y así, pretender liberar al Consejo Nacional Electoral de su obligación constitucional de totalizar los votos y determinar el verdadero resultado electoral, mesa por mesa.

Y así fue como se "judicializó" el proceso electoral del 28 de julio de 2024, pero no mediante el ejercicio de algún "recurso contencioso electoral" que es el que solo existe en la Constitución y la ley para "impugnar" actos, actuaciones u omisiones del Consejo Nacional Electoral y de los otros órganos del Poder Electoral, sino para realizar una supuesta "verificación" de resultados electorales, usurpando competencias que corresponden exclusivamente al Poder Electoral, mediante un "invento procesal" de la peor clase como fue el "proceso de peritaje" que, como tal, simplemente no existe en el ordenamiento jurídico venezolano, y que fue el que se desarrolló en secreto por la Sala Electoral.

---

[211] Véase la exposición completa del Presidente del Consejo Nacional Electoral el 29 de julio de 2024, en el video disponible en: https://www.youtube.com/watch?v=pB7g4y4M4s8.

Como lo observó con inquietud la Academia de Ciencias Políticas y Sociales,

"el procedimiento llevado a cabo por la Sala Electoral carece de base legal, y no se ajusta a lo establecido en la LOTSJ para la tramitación de los recursos contencioso electorales. Entre las irregularidades procesales observadas se encuentran: -La aparente falta de notificación adecuada a todas las partes interesadas. -La no publicación del texto íntegro de las decisiones interlocutorias. -La realización de audiencias no expresamente previstas en la ley. -La imposición de plazos excesivamente breves para la presentación de pruebas. El carácter secreto que se le ha dado al proceso. Estas actuaciones son contrarias al derecho al debido proceso consagrado en el artículo 49 de la Constitución, que establece que "El debido proceso se aplicará a todas las actuaciones judiciales y administrativas (…)".[212]

Pero lo más insólito fue que el "proceso de peritaje" se desarrolló durante veinte días, luego de declararse como supuestamente de "orden público y de trascendencia nacional," pero en una forma totalmente clandestina y en secreto, emitiéndose incluso siete sentencias de las cuales nadie conoce su texto íntegro, todo en contra de lo establecido en el artículo 257 de la Constitución que exige que todo procedimiento sea

---

[212] Véase "Comunicado de la Academia de Ciencias Políticas y Sociales sobre la sentencia de la Sala Electoral del Tribunal Supremo de Justicia referente a las elecciones presidenciales del 28 de julio de 2024," de fecha 26 de agosto de 2024, disponible en: https://www.acienpol. org.ve/wp-content/uploads/2024/08/Pronunciamiento-sentencia-Sala-Electoral-TSJ.pdf. Véase, además. sobre todo, el "proceso" lo expuesto en: *Acceso a la Justicia*, "8 anomalías del proceso ante el TSJ y su decisión definitiva sobre los resultados de las presidenciales del 28J," 27 de agosto de 2024, disponible en: https://accesoalajusticia.org/8-anomalias-proceso-tsj-decision-definitiva-resultados-presidenciales-28j/.

público. Tan secreto fue todo que durante el proceso nadie pudo ni siquiera leer el texto y enterarse del escrito del "recurso" que dio origen al "proceso" presentado por el Presidente de la República asistido del procurador General de la República, en ejercicio ilegal de la profesión de abogado, pues como funcionario público no puede actuar en juicio sino para defender los intereses patrimoniales de la República.

En ese procedimiento secreto e inédito que inventaron los magistrados de la Sala Electoral,[213] incluso de convocó a diversos ciudadanos y a los excandidatos, para que acudieran bajo amenaza ante la Sala Electoral, cuando no sólo nadie está obligado a comparecer ante los órganos de justicia, sino utilizando el chantaje de un supuesto "desacato," cuando como magistrados tienen que saber que esa figura solo se aplica en casos de incumplimiento de mandamientos de amparo.

Sin embargo, en el caso, la mayoría de los convocados comparecieron, pero solo para saber que el procedimiento era secreto, pues se les ocultó el expediente y no tuvieron acceso al mismo, y mucho menos pudieron controlar la prueba de "peritaje" que la Sala Electoral inventó, sin saber siquiera cuándo se designaron los peritos, ni quienes fueron, cuántos fueron o cuáles eran sus credenciales. Un peritaje hecho por expertos cuya identidad es secreta, como fueron secretos los datos sobre su competencia profesional y renombre internacional en materia electoral y en el sistema electoral venezolano, de la misma manera que fue secreto lo que hicieron como supuesto peritaje, y fue secreto y oculto también el supuesto resultado del peritaje que es un supuesto Informe en el cual se habría basado la sentencia, que nadie conoce.

---

[213] Véase sobre este "proceso." los comentarios del profesor William Zambrano, "Mentiras, secretos y poder," en *El Nuevo Siglo*, 26 de agosto de 2024, disponible en: https://www.elnuevosiglo.com.co/columnistas/mentiras-secretos-y-poder.

El procedimiento desarrollado, además de carecer de base legal, fue totalmente ilegal en su desarrollo, al punto de que no se conoce la motivación de ninguna de las siete sentencias que se dictaron, a pesar de que como deben saber los señores magistrados, una sentencia inmotivada de acuerdo con el Código de Procedimiento Civil es nula. Y menos motivada fue, en todo caso, la última sentencia que se dictó con la participación de la Presidenta de la Sala que había sido "recusada" y que por ello estaba obligada a separarse de conocer del "proceso."

Dicha última sentencia, como además ya he señalado, se dictó supuestamente con base en un Informe pericial oculto, declarando la Sala Electoral "verificado de *manera irrestricta e inequívoca*," no se sabe qué; certificando "*de forma inobjetable* el material electoral peritado," y convalidando "*categóricamente* los resultados de la elección presidencial" anunciada por el Presidente del Consejo Nacional Electoral sin que dicho Cuerpo hubiera Totalizado los votos conforme a las Actas de Votación, y sin que la Sala Electoral hubiese mostrado dichas Actas.[214]

---

[214] Todo ello quedó reseñado así en la Revista *The Economist*: "Todo el mundo sabe que el claro vencedor de las elecciones fue Edmundo González, antiguo diplomático y sustituto de la popular líder de la oposición María Corina Machado, a quien se prohibió presentarse. La prueba indeleble de su victoria son los recibos en papel de más de 25.000 máquinas de votación, cuatro quintas partes del total, que la oposición obtuvo y publicó en Internet. De ellos se desprende que González obtuvo el 67% de los votos, frente al 30% de Maduro. El régimen trató de hacer que su victoria pareciera legítima pidiendo al Tribunal Supremo, que controla, que la validara. La televisión estatal emitió a funcionarios enmascarados abriendo cajas electorales y examinando supuestos recibos de voto. El 22 de agosto, la pantomima concluyó con la validación por el Tribunal del resultado oficial original, que otorgaba una cómoda victoria a Maduro." Véase "Nicolás Maduro digs in with the help of a pliant Supreme Court," an *The*

Mayor irregularidad, ilegalidad, inconstitucionalidad e ignorancia de las normas más elementales del proceso es realmente difícil de encontrar, y todo con el propósito de violentar la soberanía popular, que reside intransferiblemente en la voluntad del pueblo, que se manifestó masivamente el 28 de julio de 2024.

Como lo destacó la Academia de Ciencias Políticas y Sociales al analizar el proceso que se desarrolló ante la Sala Electoral del Tribunal Supremo:

"lo que está en juego es el respeto a la soberanía popular ejercida a través del sufragio y el sistema democrático en Venezuela. El voto es la expresión más directa de la voluntad ciudadana en una democracia, y cualquier acción que comprometa la regularidad de este proceso atenta contra los fundamentos mismos del sistema democrático. La usurpación de funciones electorales por parte de un órgano judicial no solo viola la separación de poderes, sino que también socava la confianza de los ciudadanos en las instituciones democráticas y en su capacidad para ejercer libremente sus derechos políticos. En este sentido, la Academia reitera la importancia fundamental de preservar la regularidad del proceso electoral como pilar esencial de la democracia venezolana."[215]

Economist, 29 de Agosto de 2024; en https://www.economist.com/the-americas/2024/08/29/nicolas-maduro-digs-in-with-the-help-of-a-pliant-supreme-court. Reproducido como: "The Economist: Nicolás Maduro se atrinchera con la ayuda de un Tribunal Supremo servil," en *Morfema Press*, 31 de agosto de 2024, disponible en: https://morfema.press/actualidad/the-economist-nicolas-maduro-se-atrinchera-con-la-ayuda-de-un-tribunal-supremo-servil/.

[215] Véase "Comunicado de la Academia de Ciencias Políticas y Sociales sobre la sentencia de la Sala Electoral del Tribunal Supremo de Justicia referente a las elecciones presidenciales del 28 de julio de 2024," de fecha 26 de agosto de 2024, disponible en: https://www.acienpol.

De allí, también, el llamado hecho por la Conferencia Episcopal el día 7 de agosto de 2024, precisamente sobre la necesidad imprescindible que se plantea en el país, en el futuro, de "respetar la soberanía del pueblo expresada a través del voto el pasado 28 de julio. Desconocer la voluntad popular es ilegal y éticamente inaceptable;"[216] llamado que reiteró más de un mes después, el 3 de septiembre de 2024, al expresar que:

"Transcurridos más de 30 días de la elección presidencial del 28 de julio, el Consejo Nacional Electoral no ha dado a conocer al conjunto del pueblo de Venezuela, en quien reside la soberanía de forma intransferible (art. 5 de la Constitución), los resultados de dicha elección, de la forma como está previsto en las leyes, y han exigido diversos factores de la opinión pública nacional e internacional.

Este hecho es contrario a los valores democráticos garantizados por la Constitución. Desconocer la soberanía popular manifestada a través del voto es moralmente inaceptable, ya que se aparta gravemente de la verdad y de la justicia. La verdad, aunque quiera ser ocultada, o reducida a la opinión de unos pocos, resulta imponiéndose (cf. *Mc* 4,22)."[217]

---

org.ve/wp-content/uploads/2024/08/Pronunciamiento-sentencia-Sala-Electoral-TSJ.pdf. Véase, además. sobre todo, el "proceso" lo expuesto en: *Acceso a la Justicia*, "8 anomalías del proceso ante el TSJ y su decisión definitiva sobre los resultados de las presidenciales del 28J," 27 de agosto de 2024, disponible en: https://accesoalajusticia.org/8-anomalias-proceso-tsj-decision-definitiva-resultados-presidenciales-28j/.

[216] Véase: "Tercer Comunicado. Presidencia de la Conferencia Episcopal Venezolana Sobre las Elecciones," Caracas, 7 de agosto de 2024. Disponible en: https://www.instagram.com/diocesisdepuertocabello/p/C-XkJ2kxBwY/?locale=ne_NP&hl=hi&img_index=1.

[217] Véase: "Nuevo mensaje de la Presidencia de la CEV con motivo de las elecciones presidenciales del 28 de julio," 3 de septiembre de 2024,

Por eso, lo que ha ocurrido en el país, con el desconocimiento de la voluntad popular expresada el 28 de julio de ninguna manera puede ser el final de este proceso; al contrario, ahora es cuando el país está por rehacerse, reinventarse, regenerarse, reconstituirse, reinstitucionalizarse, redemocratizarse..!!

De allí las reflexiones del profesor Nelson Chitty La Roche al mes del desconocimiento de la voluntad popular:

"La elección del 28 de julio pasado significaba para muchos la oportunidad de la liberación. Para otros suponía un nuevo capítulo para ver y coadyuvar en el renacimiento de ese país otrora referente en Latinoamérica y hoy ejemplo de cómo puede arruinarse un país rico y convertirlo, en tan solo 25 años, en el más pobre del continente, con uno de los salarios más bajos del mundo, disputándonos ese misérrimo índice con Chad y Níger, paupérrimos países africanos."

Citando reflexiones de Hannah Arendt sobre "la agonía de la vida y la emoción de un alumbramiento existencial que algunos pueblos literalmente se han forjado," Chitty hizo referencia a cómo en este proceso electoral, la "Venezuela, que se siente agónica y quizá lo esté realmente, soñó que paría de las entrañas de su soberanía, con Edmundo y María Corina, un país diferente, abierto, libre, con opciones y con consciencia de su destino," agregando que esa:

"Venezuela agónica puede aún reinventarse, regenerarse, rehacerse, renacer; para lo cual debe vencer el pasado fascista que llama fascista a los que solo son víctimas del fasciso-

---

disponible en: https://conferenciaepiscopalvenezolana.com/nuevo-mensaje-de-la-presidencia-de-la-cev-con-motivo-de-las-elecciones-presidenciales-del-28-de-julio/.

cialismo o acaso pudiéramos reconocerlos como nacionales socialistas, versión tropical."[218]

Y es indudable que en el proceso de reinstitucionalizar, de redemocratizar y de reinventar el país, por el cual votó la gran y abrumadora mayoría de los venezolanos, hay que recordar, que, sin duda, en el futuro, el rol de la Fuerza Armada es y será determinante.[219]

Y ello, *primero*, porque los militares, en virtud de la ejecución del llamado "Plan República" (como programa para proteger el desarrollo del proceso de votaciones y asegurar el traslado del material electoral al concluir el mismo), sin duda saben exactamente, y lo supieron en tiempo real, cuál fue el resultado de las votaciones el 28 de julio, y cuál ha sido la magnitud del desconocimiento de la voluntad popular. Y *segundo*, por el proceso de militarización de la política que efectivamente se profundizó en el país en las últimas dos

---

[218] Véase Nelson Chitty La Roche, "Notas sobre la agonía y el alumbramiento: el Caso Venezuela," en *El Nacional,* 30 de agosto de 2024, disponible en: https://www.elnacional.com/opinion/notas-sobre-la-agonia-y-el-alumbramiento-el-caso-venezuela/.

[219] Sin dejar de tener en cuenta lo observado por Moisés Naím, en el sentido de que "mientras la Fuerza Armada esté del lado de Maduro, no habrá cambio político," y de que, sin embargo, "no hay que desilusionarse, porque también están ocurriendo sorpresas positivas, por ejemplo, yo no pensé que las primarias se iban a suceder, y tuvieron mucho éxito. Ahora estamos viendo el arrase de María Corina Machado en las calles del país, situación que es extraordinaria y no tiene precedente." Véase en Alejandro Hernández, "Moisés Naím: la oposición está enfrentando potencias mundiales que apoyan al régimen con dinero y alianzas con grupos criminales," *La Gran Aldea*, 7 de junio de 2024, disponible en: https://lagranaldea.com/2024/06/07/moises-naim-la-oposicion-esta-enfrentando-potencias-mundiales-que-apoyan-al-regimen-con-dinero-y-alianzas-con-grupos-criminales/. Véase también, Pedro Mario Burelli, "Releyendo reflexiones de hace un mes," en su cuenta X, 1 de septiembre de 2024, disponible en: https://x.com/pburelli/status/1830134157130801513ait.

décadas, y la imbricación efectiva que se ha producido de la institución militar en la otrora Administración exclusivamente civil del Estado.[220]

Ello hace inconcebible que se pueda lograr la redemocratización del país por la que la mayoría en Venezuela clama, sin la intervención de las Fuerzas Armadas, y sin que estas asuman, efectivamente, el rol que se les definió en democracia, y que es el de ser "una institución apolítica, obediente y no deliberante, organizada por el Estado para asegurar la defensa nacional, la estabilidad de las instituciones democráticas y el respeto a la Constitución y a las leyes, cuyo acatamiento estará siempre por encima de cualquier otra obligación," tal como rezaba el artículo 132 de la Constitución de 1961.

De allí, precisamente, la exhortación pastoral hecha por la Conferencia Episcopal Venezolana ("Caminar juntos con Esperanza") del 11 de julio de 2024:

"El papel que juega la Fuerza Armada Nacional Bolivariana es fundamental como garante de la institucionalidad democrática. La Constitución Nacional les permite votar en los comicios electorales, más su misión consiste en servir al pueblo soberano, respetando y haciendo respetar la voluntad popular expresada en el voto, y garantizando el orden y la paz en todo el territorio nacional."[221]

---

[220] Véase Allan R. Brewer-Carías, *Sobre la militarización de la política en Venezuela. Un mal que nos acecha desde la Independencia. Algunos escritos*, Colección Crónicas para la Memoria Histórica, Biblioteca Allan R. Brewer-Carías, Instituto de Investigaciones Jurídicas, Universidad Católica Andrés Bello, Caracas 2023.

[221] Véase el texto adoptado en la *CXXII Asamblea Ordinaria Plenaria del Episcopado Venezolano*, disponible en: https://conferenciaepiscopal venezolana.com/exhortacion-pastoral-caminar-juntos-con-esperanza/

En este marco, sin duda, adquiere toda su dimensión e importancia el mensaje que María Corina Machado envió a los miembros de la Fuerza Armada Nacional el 5 de julio de 2024:

"La Fuerza Armada Nacional históricamente ha sido el símbolo que ha garantizado la paz ciudadana, la integridad territorial y el respeto al orden constitucional, lo que representa una de las responsabilidades más elevadas que el Estado puede otorgarle a una institución, y así como en 1958 cumplió un papel decisivo en el advenimiento de la democracia, hoy tiene un desafío fundamental para el futuro de la República […].

En dicho Mensaje les recordaba a los militares que "tienen la misión de contribuir al respeto de la voluntad del soberano," siendo crucial su papel para "garantizar una transición en paz hacia la democracia," particularmente porque con el Plan República, serían "testigos de primera fila," como en efecto lo fueron, "de la expresión de un pueblo que clama por libertad y que ve en las urnas electorales el medio pacífico, democrático y constitucional para lograrla;" concluyendo el mensaje diciéndoles que "la nación los necesita," expresándoles su convencimiento de que "garantizarán una transición legítima y ordenada," e invitándolos "participar con decisión y confianza en este inminente futuro. No nos fallen; nosotros no les fallaremos."[222]

Nueva York, 4 de septiembre de 2024

---

[222] Véase "Mensaje de María Corina Machado a la FANB en el Día de la Independencia" en *La Patilla*, 5 de julio de 2024, disponible en: https://www.lapatilla.com/2024/07/05/el-contundente-mensaje-de-maria -corina-machado-a-la-fanb-en-el-dia-de-la-independencia/. Véase igualmente: "María Corina Machado a las Fuerzas Armadas: "No nos fallen, nosotros no les fallaremos," en *Diario Las Américas*, 5 de julio de 2024, disponible en: https://www.diariolasamericas. com/america-latina/maria-corina-machado-las-fuerzas-armadas-no-nos-fallen-nosotros -no-les-fallaremos-n5359399.

VERBA VOLANT, SCRIPTA MANENT